Femmes à rénover

ISBN : 978-2-0812-4599-0

Sophie Giagnoni et Mara Goyet

Femmes à rénover

Flammarion

À Esther et Zachée.
À Léonard et Gustave.

DRAMATIS PERSONAE

BERTRAND : soixante-dix ans, époux de LEONORA, grand rénovateur de maisons et de femmes (tous travaux).

MARJORIE : trente-cinq ans, mère d'ACHILLE, a quitté CÉDRIC, s'essaie au célibat, à la liberté sexuelle et au volapuk néo-branché. Femme à rénover.

DELPHINE : un peu moins de quarante ans. Mère de RODRIGUE et GABIN, épouse de TANCRÈDE DE LORME. Elle est solide, massive, déterminée et insatisfaite. Femme à rénover.

JULIETTE : trente-cinq ans. Mère de DAPHNÉ. Malade, le corps soufflé, elle a quitté GAÉTAN puis disparu. Elle réapparait stupéfiante de beauté, de douceur et d'indécision. Femme en rénovation avancée.

OLIVIA : un peu plus de trente-cinq ans. Mère de deux fils. Épouse de PIERRE. Sa dépression écarte toute possibilité actuelle de rénovation. Mission ajournée.

LEONORA : trente-huit ans. Épouse de BERTRAND. Spécialiste du cake et des brunchs. Rénovation de façade ; vice de forme dans les fondations. Accident industriel à prévoir. Mission ratée.

*

ACHILLE, GABIN, RODRIGUE, DAPHNÉ : les enfants.

PIERRE, CÉDRIC, GAÉTAN, TANCRÈDE : les maris.

M. HACUHO : le professeur de sumo.

CLARISSE et JACQUES : les parents de Pierre.

ARTÉMIS : la chienne de Bertrand.

MIRABELLE et HECTOR : les cochons d'Inde.

Une voisine, un vétérinaire, une mère infanticide, des mères qui ne le sont pas encore et ne le seront peut-être jamais, un parricide, un écailler, Chloé, Sabine, un vendeur de produits anti-nuisibles, un jeune homme au casque, des huîtres, du champagne, du Campari, du Martini, du Pastis, de la Suze, du whisky, du vin, du Lexomil, du Tercian, de l'Anexate et des cakes…

Mirabelle se coucha sur le flanc. La tête enfouie dans la paille. La roue, immobile depuis quelques jours, accentuait le côté sinistre de la scène. Elle tenta de se traîner pour boire un peu d'eau. Mais son corps ne lui obéissait plus. Elle se sentait lasse, chétive. Chaque tentative pour avancer accentuait sa nausée. Autour d'elle la radio hurlait, on s'affairait sans se préoccuper le moins du monde de son état. Mourir seule. Un rayon de soleil tapa incidemment sur le métal de la grille. Elle ferma les yeux. Un dernier souffle fit voleter doucement sa moustache, son corps fut pris d'un léger soubresaut dont l'empreinte parcourut en une vague sombre l'ensemble de sa fourrure. Mirabelle était morte.

« Merde, où je vais bien pouvoir la balancer ? » se dit Bertrand en découvrant deux heures plus tard le cadavre du cochon d'Inde. Après avoir ausculté le diamètre des canalisations sanitaires, médité sur le tri sélectif et l'éventuel recyclage de Mirabelle, il la mit dans un sac plastique. Il se désinfecta les mains d'une simple goutte de gel hydroalcoolique, il ne voulait pas sentir la charogne. Il était déjà 16 h 15.

1

Marjorie exultait : trois nouveau-nés ! Elle avait deux articles à écrire mais ils attendraient. Elle surfait d'un site à l'autre. Aucun ne disait dans quel état ni à quel endroit ils avaient été retrouvés. Aucune photo de la mère. Juste la maison et le cordon policier. « Découverte macabre », certes… mais encore ? Elle tapa sur Google : « nouveau-né Berry congélateur » et se retrouva sur le site de néonatalité de l'hôpital intercommunal. Elle réessaya avec « cadavres nouveau-nés jardin ». Sans succès. Elle envisagea d'ajouter viol, buanderie, garage, compost, grenier, puits, potager, mais il était déjà 16 h 20. Elle allait être en retard à l'école. Elle prit à la hâte un pain au chocolat pour son fils, industriel et périmé (son fils, de toute façon, ne faisait pas la différence et Marjorie considérait que la malbouffe contribuait à l'épanouissement des enfants) et s'en alla, en courant. Elle adorait les sorties d'école, jauger les mères à l'aune de sa propre beauté, maltraiter aimablement Bertrand, s'entendre traiter de « canaille », se gausser un peu, rire beaucoup, sentir son aura sexuelle se faufiler entre les cartables et les pains au lait... C'était *greatissime*, trop *trip top to be bad*. Galvanisée par sa séparation récente, elle faisait de son émancipation un spectacle aux abandons mélancoliques calculés et aux provocations étudiées.

Marjorie avait juste ce qu'il fallait de cernes et de désordre dans sa chevelure de tragédienne ondulée pour que l'on puisse, pensant la démasquer, la plaindre un peu et l'admirer un peu plus : sa brutalité, son manque de sentimentalité, son mari abandonné pouvaient passer pour du courage, de la pudeur et de l'authenticité. Sur un malentendu. Elle avait le don de décourager les tentatives d'interprétation. Sa beauté pâle tirait avantage de toute situation : la cuite, l'angoisse, le repentir, l'enthousiasme, l'épuisement, tout lui allait. Elle en profitait, se disant qu'elle aurait tout loisir, plus vieille, de devenir morale, gentille et douce. L'idée de chute ou de déchéance lui venait parfois à l'esprit, mais elle la rejetait comme un risque démodé.

Qu'une autre puisse tuer des nouveau-nés la rassurait : elle n'était pas ce monstre cynique et froid que le père de son fils l'accusait d'être. Loin s'en fallait. Il y avait pire... C'était *overdownload* ce fait divers, elle allait pouvoir faire rire tout le monde avec.

2

En tapinois derrière une haie de troènes, Bertrand procédait à quelques rituels avant d'entrer en scène. Un peu de gel hydroalcoolique pour se laver les mains : onction et ablution avant la consécration. La fiole remise dans sa poche, il étudiait les angles et les perspectives, calculait les distances, jaugeait la lumière puis repérait une à une ses partenaires préférées. Marjorie, Delphine, Olivia et Juliette, il les attendait toutes. Ses détresses allégoriques incarnées en mères fragiles, désincarnées en femmes imprévisibles. Sa performance dépendrait en grande partie du brio ou de la sincérité de leurs répliques.

La sortie d'école était un exercice délicieux mais difficile. Il avait tout loisir de se concentrer ; à 16 h 21, la scène était encore à moitié vide.

3

« Deux petits corps supplémentaires ont été retrouvés dans la maison des Jamoux, ce qui porte à cinq le nombre de victimes de la présumée mère infanticide. Les enquêteurs n'excluent pas la découverte de nouveaux cadavres dans les heures à venir. Restez avec nous… »

Au comptoir, debout devant une Suze, Juliette n'écoutait pas. Rivée au bar, elle était absorbée par la surveillance des entrées et sorties, elle se fondait en elle-même pour paraître invisible. Elle vacillait d'angoisse sur de hauts talons malhabiles qui prolongeaient son corps transfiguré. Juliette ramassait son courage pour affronter la sortie d'école. Plusieurs semaines qu'elle n'y avait pas été confrontée. Elle devait y retourner. Progressivement. Pour sa fille.

Marjorie y allait bien, elle. Marjorie assumait, elle. La première, elle avait quitté son mari. Elle avait créé une onde de choc dans le petit groupe. Delphine avait, selon son expression, « pris note » de cette nouvelle situation, « sans juger », ce qui était, bien sûr, la pire des manières d'émettre une condamnation ferme. Elle était restée calme mais avait encore pris un ou deux kilos et hurlé un peu plus sur ses fils. Olivia, la triste Olivia, avait exprimé sa peine pour Cédric, l'époux de Marjorie, s'était souciée de son fils et avait proposé son aide. Marjorie lui expliqua que pour ce qu'elle avait à faire (fellation sur zébra dans camionnette vintage, pétard huit feuilles sur *waterbed* d'analphabète en treillis branché), elle se débrouillait très bien toute seule, mais que c'était *kind* de chez *kind* de proposer.

Toutes avaient l'habitude de faire, avec plus ou moins de retenue, le récit tragicomique de leurs errements conjugaux, de leurs déboires familiaux, de leurs stratégies intimes. Mais aucune n'avait imaginé, jusqu'alors, que l'ordre matrimonial puisse être remis en cause. Par elles, du moins. Ce n'était ni du conformisme, ni de la trouille. Aucunement des convictions. Elles n'y avaient pas pensé, voilà tout. Quand Marjorie avait organisé son pot d'*over* célibat, Juliette en fut choquée. Ébranlée. Elle n'avait pas compris. Quelques semaines plus tard, elle tomba malade. Ne mangea plus, maigrit. S'occupa mécaniquement de sa fille. Attendit des messages, des symptômes, des diagnostics et des verdicts. Elle mit un certain temps à comprendre ce qui lui arrivait. Quand elle l'eut compris – elle était tombée amoureuse – et qu'elle fut capable d'identifier le trouble qui la terrassait, elle quitta Gaétan à la surprise générale : tout semblait aller si bien. Elle le fit brusquement. Délicatement, pourtant. Sans commentaire. Elle habitait, c'est du moins ce qu'elle avait dit à sa fille, chez un vieux copain. Avait déposé ses congés pour prendre le temps d'y voir plus clair – elle était orthophoniste. Dormait certains soirs avec sa fille chez ses parents. L'emmenait en week-end au bord de la mer. Fuyait le quartier et ses interrogations. Elle ne donnait plus signe de vie. Elle pensait que cela durerait toujours ainsi et s'imaginait une vie morcelée. Son travail, sa famille, ses amours, sa fille en archipel. Le rituel de la sortie de l'école ne lui manquait pas exagérément. Marjorie depuis quelque temps en rompait l'équilibre à force de plaisanteries répétitives, de formules vétéro-branchées à l'anglais *over approximatif en mode friendly* et de fausse légèreté. Elle rudoyait sans aménité Bertrand, ridiculisait le mariage, l'institution qui « te *bade, genre total loque* », écrasait Olivia et Delphine de ses provocations. « *Ready to fuck* ? *You're the next on the list* ! »

Juliette décida qu'elle se contenterait pour l'instant de s'approcher au maximum de l'école sans toutefois se mêler à la petite foule. Elle donnerait les affaires de danse à la baby-sitter, puis observerait de loin sa fille rentrer chez son père. Il était 16 h 22.

4

Pas de sortie d'école pour Olivia aujourd'hui. Et ce n'était pas un soulagement. Sa belle-mère l'avait appelée à 10 heures du matin et elle ne parvenait pas à s'en remettre. Il était pourtant 16 h 23.

« Allô, Olivia ? C'est Clarisse. Écoute, Pierre m'a semblé fatigué hier midi, (il continuait donc à aller manger chez sa mère le mercredi midi), je voulais te proposer d'aller chercher les enfants à l'école ce soir. Cela te fera du bien aussi. Tu pourras te détendre (cet enfoiré de Pierre s'était plaint). Ça vous permettra de vous retrouver en tête à tête. C'est important pour un couple de se ménager du temps ensemble. Avec Jacques, nous avons trop négligé… »

Pas la vie sexuelle de sa belle-mère. Non. Pas ça… Sans cette foutue vie sexuelle, il n'y aurait pas eu Pierre. Et surtout, pas de vie sexuelle de Pierre. Pas non plus ses commentaires gourmands sur le drame du jour : « Te rends-tu compte ? Oncle

Michel habite à dix kilomètres des Jamoux. J'ai toujours trouvé idiot qu'il s'exile là-bas. Si en plus ça devient un coin dangereux... »

Elle ne survivrait jamais à cette soirée... La perspective de coucher avec son mari (c'était tout de même la deuxième fois en moins d'un mois) lui était proprement insupportable... Et c'était ce qui allait fatalement arriver : l'absence des enfants était le signal. Elle avait le sens du devoir. Mais pas celui-ci. Ou, tout au moins, elle ne l'avait plus. L'appartement silencieux. La chambre des enfants, vide. Les meubles offerts, les pièces ouvertes. Non !

Elle éteignit son ordinateur et quitta son bureau. Marcha dans la rue. Spectrale. En simple imperméable et pantalon de toile beige, un cardigan sur un polo blanc, elle avait froid.

5

16 h 24 : elles étaient toutes là ou presque. L'attroupement des mères devant l'école ressemblait à une file d'attente devant une supérette moscovite, par une fin d'après-midi de novembre 1976. Un cortège de manteaux noirs, de visages maussades, de cheveux ternes. Les mères semblaient figées dans l'attente. Chacune portait une tristesse plus ou moins camouflée. Pourquoi arrivaient-elles toujours un peu trop tôt ? Combien d'années à tirer encore ? Si seulement la gauche revenait au pouvoir pour éradiquer la pédophilie, les enfants pourraient rentrer tout seuls (à condition que les écologistes aient banni auparavant la voiture, bien sûr). C'était si long.

Aucun de ces éléments sordides ne participait de l'esthétique théâtrale de Bertrand. S'il aimait le chagrin, la dépression ne l'inspirait en rien.

Olivia était représentée par sa belle-mère. Dommage. Dans un autre contexte, ou plutôt à une autre époque, cette dernière aurait pu avoir quelque rôle, mais Bertrand n'avait pas le temps lors de son « Seize heures trente » de s'embarrasser d'un second couteau. Que pouvait faire Olivia ? Où était-elle ? Il appréciait sa présence. Sans l'occuper à proprement parler, elle ajoutait à la scène : sa froideur que l'on n'avait nulle envie de réchauffer créait une tension intéressante. Ses silences et ses secrets installaient une forme de gêne, une petite honte de soi que Bertrand trouvait terriblement excitante. Tant pis…

De ce bas nuage à sanglots se détacha Marjorie. Elle était d'une incroyable beauté. Nullement ternie par le sac à dos Titeuf qu'elle portait en bandoulière. Son cou dégagé dans le froid laissait apparaître des veines palpitantes, des rougeurs émotives et un léger suçon sous l'oreille. Elle se tenait en torride cow-boy sur ses jambes, droite devant la porte, le regard fixe. Incandescente, toujours à la limite de la colère, elle défiait l'atmosphère. La plupart des mères la redoutaient et n'osaient plus émettre de jugement. Si Marjorie passait son temps à faire n'importe quoi (quitter son mari par texto, coucher avec le meilleur ami de son demi-frère de dix-sept ans, recoucher avec son mari, partir en stop à Montluçon, prendre un bain avec son cochon d'Inde, ou participer à des fêtes étudiantes où on la questionnait comme un papou sur la maternité et le drôle d'effet que pouvait procurer l'étrange obligation de payer des impôts), elle le faisait avec une telle détermination qu'elle décourageait tout commentaire.

6

16 h 25.

Bertrand s'élance. Il approche. Il arrive.

Du masculin plein l'asphalte.

Un sac plastique dans une main, une laisse télescopique dans l'autre. Une présence. Un corps élancé, des jambes altières, une taille superbe. Le cheveu gris et le regard bleu acier, il fend la foule des mères, comme un requin son océan, salue l'une, baise la main de l'autre. Sa présence illumine la scène. Il s'imagine rubans et jabots, urbain libertin. Il métamorphose les mères au rivage de leur calvaire. Leurs cils s'agitent, leurs jambes s'affolent, des déhanchés s'ébauchent sous les manteaux lourds de chagrin. La file d'attente se mue en marché à la sauvette, où chacune est invitée à déballer prestement ses atours : charme, beauté, minauderie, désespoir, esprit, humour, fragilité se retrouvent soudainement, et pour quelques minutes seulement, exposés sur le trottoir.

Marjorie s'en amuse. Elle le connaît bien. Elle sait qu'il ne s'agit pour lui que d'un tour de chauffe. Bientôt il se tiendra devant elle. Elle en est certaine, il la désire comme personne. Sous ses dehors d'homme galant, de vieux gentleman inoffensif, se dissimule un prédateur animé d'un appétit sexuel presque impersonnel mais des plus concrets. Clint, ce n'est pas que *La Route de Madison*. C'est aussi *Dirty Harry*.

Les mères sautillent, frétillent, pétillent sur les bulles de ses interventions charmantes. Elles s'imaginent flirter à blanc, allumer sans risque… Marjorie sait qu'il n'en est rien. Leonora, sa dernière épouse, n'a-t-elle pas à peu de chose près leur âge ?

« Marjorie, belle Marjorie, quel plaisir de vous voir. Vous semblez absolument radieuse. Comme toujours…

— Vous seriez arrivé quelques minutes plus tôt, vous auriez pu apercevoir Juliette. Je sais bien que vous êtes tout focus pour elle.

— Jalousie ! Othella, vous voilà. Ainsi vous l'avez vue ? Lui avez-vous seulement parlé ? Elle m'inquiète…

— Non, *in a glimpse only*. Elle donnait un sac à la baby-sitter. Je crois qu'elle sous-traite l'éducation de ses enfants depuis qu'elle a perdu cinquante kilos. *So clever*… Après tout, c'était un peu de leur faute… Avant leur naissance, elle était…

— Marjorie, vous êtes tout bonnement ignoble…

— Ignoble, ignoble… faut relativiser. Fouillez chez moi, pas un gosse mort, pas même un petit !

— Cette histoire berrichonne est terrifiante... »

Frémissant, Bertrand s'enduit une nouvelle fois les mains de son gel désinfectant.

« Ouais, incroyable hein ! Trois cadavres... Vous m'en passez ? »

Bertrand lui tend la fiole. Marjorie s'en met derrière les oreilles.

« La police en a découvert deux de plus. C'est pitoyable. Pauvre créature... Ah, l'âpreté du Berry... Déjà chez George Sand...

— Ah, non, me gonflez pas avec vos romans *daily* ménop...

— Les femmes n'aiment plus la littérature...

— Littérature, tout de suite, les grands mots...

— Vous êtes terrible. Rendez-moi mon flacon. Vous m'en avez déjà dérobé deux. Vous auriez beaucoup à apprendre de George...

— Vous pensez qu'on va en trouver combien ? Huit ? À dix, champaiiigne !

— Vous êtes définitivement roulante. Même canaille, je vous aime !

— À votre âge, on ne fait plus le difficile...

— Vous aurez un jour le même, écervelée !

— Vous ne serez plus là pour le voir... *Over late* !

— Ah... Je vous manquerai bien un peu, quand même.

— *So much*. Je regretterai de n'avoir jamais couché avec vous. Ça sera terrible.

— J'aime beaucoup cette idée. Je vous imagine cependant plus sage quand vous serez bien vieille. Je vous le souhaite en tout cas.

— Je vous promets d'arrêter l'infanticide à cinquante ans. Et tiens, à propos de *serial mother*, regardez qui arrive, notre *oversized* Delphine...

— Vous manquez de charité, Marjorie. Et puis elle n'a que deux enfants.

— Deux enfants vivants. Pour le reste... Maintenant je me méfie. Non, je rigole... Je l'adore, vous savez. Elle est cool. Je ne comprends pas que vous ne la draguiez pas un peu plus.

— C'est que Delphine m'intimide... »

7

« La méthode de lecture… À vrai dire, je ne m'en suis pas souciée. Timothée sait lire depuis la petite section. »

« C'est dur, ce temps… On ne sait pas comment les habiller… »

« Non, pour la sixième, mon mari voudrait la mettre à Saint-Nicaise. Pour qu'elle ait un cadre et de la méthode. »

« Cette histoire est terrible… Il paraît qu'il y a des jumeaux dans le tas ! »

« Son Papy lui a construit un télescope cet été… »

« Le père ne pouvait pas ne pas savoir. »

Delphine passait entre les mères. Elle fermait ses oreilles. Elle ne voulait plus écouter. Surtout ne pas se comparer.

8

Delphine arriva à leur hauteur. Mais quelle forme pouvait-elle avoir ? Dans ses fantasmes, Bertrand imaginait un petit corps maigre, logé à l'intérieur d'un autre corps plus épais. De manière plus réaliste, son corps massif lui faisait songer aux percherons qui longeaient d'un pas lent sa propriété normande. Elle lui rappelait aussi la première voiture qu'il avait achetée en revenant d'Algérie en 1962 avec une partie de sa solde. De fait, Bertrand avait toujours gardé une certaine réserve avec elle. Sa carrure imposante, feuilletée de mille étoffes superposées, lui en imposait.

Delphine se pencha pour flatter Artémis.

« Alors, brave bête, on promène son maître ?

— Mais qu'avez-vous toutes aujourd'hui ! Vous aussi vous me malmenez, Delphine ?

— C'est que vous devez aimer ça ! Sinon vous ne seriez pas là, non ?

— J'espérais trouver ici quelque douceur maternelle et féminine, Delphine… Mais je me suis trompé. Assurément… Les mères sont si cruelles aujourd'hui. »

La voix de Bertrand, en émulsion, était descendue d'au moins deux octaves. Il lui posa la main sur l'épaule avec tendresse. Jamais il ne l'avait touchée. Delphine ressentit comme une déflagration. Une douceur oubliée l'envahit. Il l'avait appelée par son prénom. Deux fois. Féminine était sa rime. Et cette délicatesse. Le traiter de vieux sans se faire traiter de grosse. Femme Panzer aux prises avec une galanterie inoxydable. Un peu d'asymétrie, c'était si beau. La main de Bertrand était toujours là. Depuis combien de temps ne l'avait-on pas touchée aussi tendrement ? Son épaule irradiait et le plaisir de cette innocente caresse parcourait tout son corps. Doucement, les cheveux de Delphine recouvrirent la main de Bertrand qui finit par se retrouver tout à fait cachée.

Marjorie regardait. Pire, pensait… Elle se retenait de comparer les vieillards aux nouveau-nés, ne trouvant pas immédiatement de plaisanterie adéquate. Bertrand n'osait plus bouger. Le moment était inédit. Les saillies plus ou moins brillantes, ses petits sauts d'Arlequin le long de l'allée étaient son quotidien. Petits gestes et poses de tanagra. L'irruption du corps brut changeait tout : sa grande main sur cette épaule massive, ferme, tendue. Résistante. Il y avait comme un parfum d'enfance : le buffle domestiqué par le chef indien. Et d'adolescence : Delphine était la femme inachevée des romans vaguement teintés d'érotisme qu'il lisait en cachette à seize ans. À bien y penser, elle avait quelque chose d'exotique. Une indolence… Des chairs alanguies. Une peau douce et l'épaule ronde (l'autre aussi). Des mains fines.

16 h 28. Bertrand bandait. Et se retenait de toutes ses forces de sortir sa petite bouteille de gel pour se donner quelque contenance.

Le velours côtelé ne s'en émut pas. Il était devant l'école, les enfants sortiraient dans deux minutes et il bandait. Était-ce bien raisonnable ?

Bertrand ne bandait plus. Il méditait. C'était un mélancolique, Bertrand. Sur la pointe du tweed, il s'apprêta à partir. Dans sa gêne, il s'emberlificota dans la laisse du chien. Delphine prit le sac en plastique et l'aida à se dégager de ses liens. Riant très fort pour dissimuler son trouble et couvrir la voix de Marjorie qui avait enfin trouvé comment comparer Bertrand ainsi emmailloté aux défunts nouveau-nés. Delphine avait été effrayée par ce fait divers. Elle se demandait si… Non, bien sûr que non. Bertrand délivré était mutique. La pièce avait pris un tour inattendu. Il avait suffi de l'absence d'Olivia, d'une main posée sans y penser et il s'était retrouvé, sous les yeux sarcastiques de Marjorie, dans un sketch inédit aux accents kabuki. Il n'y comprenait rien. 16 h 30. La sonnerie retentit.

9

16 h 31. Les enfants sortirent. L'école avait fait son boulot. Elle avait pris le meilleur : la patience, l'attention et le souci de bien faire.

Quand les pères y laissaient leur enfant avec enthousiasme le matin, l'école semblait un havre de paix, de modernité paternelle, d'amour parental, de pédagogie active et de dessins peuplés d'arbres, de zibelines sur fond blanc, de motifs façon Dubuffet. Huit heures et quelques gants perdus plus tard, trois bouts de pain à peine avalés à la cantine, les genoux noircis et le feutre aux paumes, c'étaient des enfants différents qui sortaient, hagards, désorientés, réclamant sans égards leur goûter, leur jouet préféré, leurs copains, le parc, leur père, leurs grands-parents, de l'affection, Noël, les œufs de Pâques, leur prochain anniversaire…

Les fils de Delphine exigèrent en effet de la galette des rois, de partir à la montagne puis de voir leur grand-mère (morte depuis deux mois). C'en était trop. Ils lui étaient insupportables. Bertrand s'esclaffait à chacune de leurs revendications. Non, ils n'étaient en rien d'« adorables gredins » ou de « charmants petits vauriens » (ainsi étaient-ils qualifiés par Bertrand). Ils étaient insupportables. Elle n'avait qu'une envie, les baffer, les laisser là, leur balancer leur goûter à la figure. Le contraste entre l'incroyable douceur du geste de Bertrand et la brutalité de ses fils, qui ressemblait tant à la sienne, lui était terriblement douloureux. Elle voulait des égards. Elle méritait mieux que ces récriminations enfantines.

10

« Je dois filer, Salomé a chorale au conservatoire. »

« Cet été ? Nous avons loué une maison près de Bayonne… Je préfère m'y prendre à l'avance. »

« La galette, je la fais toujours moi-même… dans les boulangeries, elles sont toujours trop grasses. »

« Ah, en CM1A ? Non, elle est correcte. C'est dommage, avec celle de CM1B il serait parti en classe de mer et puis elle fait bien travailler. »

« On en est à neuf cadavres ! »

« Cadavres. C'est dur comme mot pour des bébés. »

« Ce qu'il a plu, hier… Enfin, nous avons joué aux petits chevaux et cousu des vêtements pour leurs marionnettes. Après, j'avoue que je les ai laissés une demi-heure devant la télé. »

« C'est de la propagande… seulement de la propagande. Elles font semblant… Oui, elles bluffent. Elles sont comme moi », pensa Delphine.

11

Cachée derrière une porte cochère, Juliette avait tout observé.

Pourquoi Olivia n'était-elle pas là ? Pourquoi avait-elle envoyé sa belle-mère ? Pourvu qu'elle ne soit pas totalement déprimée… Marjorie, elle, semblait toujours aussi en forme. C'était donc ça, l'effet d'une séparation réussie ? N'était-ce pas indécent ? Ce qu'elle pouvait être belle. Évidemment, Bertrand était là. Avec son gel. Peut-être n'avait-il pas été aussi beau plus jeune. Ce côté hiératique, cette affabilité charmante étaient sans doute liés à l'âge. Ah, enfin, Delphine ! Si solide. D'un seul bloc. Peut-être qu'elle comprendrait, elle… On dirait qu'ils se parlent très chaleureusement maintenant avec Bertrand… Et de près. Elle rougit ! Delphine, rougir, incroyable…

Juliette regardait maintenant sa fille.

Si tristement belle du haut de ses six ans, avec son cartable à moitié vide. Juliette se retint de pleurer. Sa fille souffrait. La souffrance des enfants, elle n'y connaissait rien. Elle avait été épargnée. Oui, sans doute un jour Daphné la comprendrait-elle, peut-être l'admirerait-elle aussi. Dans vingt, dans trente ans, peut-être. Pour l'instant, elle avait un air de mélancolie à faire pleurer les pierres. Pourquoi ne jetait-elle pas son cartable par terre, comme la plupart des enfants ? Pourquoi n'exigeait-elle pas son goûter avec impatience ? Pourquoi ne courait-elle pas se cacher dans les buissons ? C'était insupportable de tristesse, Juliette suffoquait de culpabilité.

Il lui fallait s'échapper au plus vite. Relevant son écharpe jusque sous ses yeux, remontant le col de sa courte veste jaune, elle s'élança dans la rue. Elle n'avait pas fait cent mètres qu'elle vit la belle-mère d'Olivia se diriger droit vers elle. Que faire ? À droite, à gauche. Juliette s'engouffra dans une boutique sans réfléchir. *Fatal Cafard*. La boutique spécialisée en bêtes nuisibles. Elle n'y était jamais entrée.

12

Delphine aimait-elle vraiment ses enfants ? Aimait-elle vraiment s'en occuper ?

Peut-être était-ce seulement lié à la météo ? Rien à voir avec les enfants. Peut-être qu'un souffle dépressif venait simplement du vent froid, de la pluie intermittente, de la nuit tombante. Peut-être était-ce lié au quartier ? Cette enclave parisienne entre gare, hôpital et boulevards à marronniers d'un côté, à platanes de l'autre, tous de type infranchissable, avait quelque chose de suffocant, bien qu'apparemment cordial. Peut-être était-ce ce fait divers sordide ? Il donnait à penser, tout de même ! Oui, ce devait être ça. Et puis Marjorie n'était-elle pas jolie, heureuse ? Et ces pères ? Car il y en avait. Charmants. En classe, avec ses élèves, cela se passait bien : preuve qu'elle aimait les enfants. Mais les siens ?

Peut-être était-ce elle, après tout ? Non, il y avait quelque chose de plus général. Après lecture du

Conflit. La femme et la mère, d'Élisabeth Badinter, les mères avaient fini par trouver leur existence désolante, leurs vies sacrificielles, leurs efforts vains… et en avaient fait leur sujet de discussion de prédilection.

L'arrivée du froid avait mis un terme provisoire à ces conversations. Grâce à cette trêve hivernale, Delphine se savait libérée des groupes de parole sur gazon ou bancs publics où s'esquissait une intimité étrange qui rendait les confessions nécessaires. De quoi parler, sinon ? Delphine avait été toute surprise par la teneur des palabres entre mères : la frustration, le sexe, l'adultère, le plaisir, le manque d'argent, les ratages éducatifs. Désormais, il y aurait l'infanticide. Il était donc possible de parler de ses souffrances publiquement. Seule, elle avait déjà du mal à admettre la vérité : quelque chose manquait à sa vie. Et ses enfants en faisaient les frais. « En parler », selon le mot d'ordre devenu universel… Cela lui aurait été trop difficile. Elle écoutait, monolithique, les récits des autres. Elle n'avait pas l'humilité ni la générosité de prendre la parole. Mais qu'aurait-elle dit ? Elle découvrait les choses au fur et à mesure. Elle avait été si sûre d'elle. Elle était maintenant saturée de ces récits d'humiliations infligées par des « boss » exaspérés, ces histoires d'« horaires adaptés », de maladies infantiles, de maris trop froids, trop chauds ou trop tièdes. Elle voyait dans ces aveux pourtant émouvants un manque de solidarité maritale, un tempérament plaintif. Elle ne voulait surtout pas confronter ces récits à sa propre vie : elle se retenait de toutes ses forces de se demander si elle couchait encore avec son mari, si elle était une bonne mère. Les « *sex sessions* » de Marjorie « *in the total curb* », les silences frustrés d'Olivia, les tirades pleines de bravoure de mères de passage dans le cercle du jardin faisaient pourtant peu à peu leur travail. Elle commençait à entrevoir ce qui lui manquait.

La présence épisodique de Bertrand changeait la donne : il avait le talent, par sa délicatesse et par son style, pour conférer un relief inattendu aux propos les plus prosaïques. Les plus déconnantes se découvraient courageuses, les hystériques avaient un côté absolu, les tristes étaient belles et mélancoliques. Bertrand donnait une couleur subtile à leurs humeurs. Il savait les regarder et les écouter. Elles repartaient en fin d'après-midi parées de références littéraires et picturales, de nuances délicates, de sentiments nobles et de dilemmes héroïques. Elles se sentaient mieux : grâce à lui, elles arrivaient à concilier la banalité et la gravité de leur détresse, la brutalité et la beauté de leurs angoisses. Elles s'estimaient davantage. D'un âge incertain, elles pouvaient se considérer grâce à lui comme des jeunes femmes perdues dans une époque trouble. « Jamais une femme de la génération de ma mère ne se serait posé cette question », leur faisait-il souvent remarquer. De leurs malheurs de magazine il faisait du désespoir sur papier Bible. Il avait su créer de l'unité et de la profondeur dans ces désordres intimes. Il avait fait entendre à ces mères leur propre musique quand, peu sûres d'elles, elles pensaient échanger de confuses paroles, bribes éphémères de souffrances tenaces, et s'imaginaient *desperate housewives* en version française. Non, elles n'étaient ni superficielles ni banales. S'il donnait forme à leurs errements, Bertrand ne parvenait pas tout à fait à les comprendre. Que cherchaient-elles ? Que voulaient-elles ? Il les voyait, en quête d'intensité, pâlir et rougir, désirer, exulter, pleurer, vouloir tout et son contraire, ici et maintenant, ne plus supporter d'attendre ni de subir. Il les voyait s'agiter. Peut-être courir à leur perte. Seules, si seules. Leurs familles sourdes à leurs tourments. Mais il était là. Il veillait.

L'art de Bertrand n'expliquait pas pour autant le caractère commun de cette angoisse qu'elles partageaient et qui les réunissait. Qui les démarquait d'autres mères, plus sereines ou moins franches… Sans parler de celles que l'on ne voyait jamais : les horaires de bureaux les préservaient-elles de pareilles angoisses ? Ce qui les réunissait ? Bertrand. Il avait su les repérer du temps où sa fille était encore à l'école primaire, les présenter les unes aux autres. Elles avaient toutes du temps libre, un emploi du temps flexible, des temps partiels. Il ne manquait pas de les rencontrer au café, au jardin, au supermarché. Il animait de près ou de loin ce cénacle du désarroi, du courage et de la franchise. Elles ne faisaient pas semblant et il aimait ça. Elles ne mentaient ni sur leurs joies, ni sur leurs peines, leur vie, les notes de leurs enfants, leur travail, leurs sentiments et humeurs. Elles incarnaient une forme de lucidité et de sincérité unique au cœur de la foire aux vanités des sorties d'école.

Lucides, vraiment ? Tu parles ! Sous influence plutôt. Trompées par cet ouvrage à la mode. Badinter… Du bovarysme postmoderne, en somme. Un conflit, quelle idée ? Delphine avait choisi sa vie. Tout allait bien. Si elle désirait son mari ? Si lui la désirait ? Des questions qui ne se posent pas car telle n'est pas la question : les enfants poussent, le mi-temps à Sainte-Clotilde, des classes gentilles, un travail sûr, une aubaine, des vacances heureuses, des amis charmants, un époux agréable…

Elle avait tout pour être heureuse. Elle l'était donc.

Ce n'est pourtant pas ce que reflétait la porte vitrée de l'école. Tristesses…

La main de Bertrand. Un impact sur la surface vitrée de ses certitudes. Delphine s'enfuit. Le sac de Bertrand à la main. Ses enfants, Gabin et Rodrigue, trottant derrière elle. Elle fila une claque à Rodrigue qui ne pleura même pas et continua à s'amuser avec son frère. Elle les déposa en avance au sumo (initiative des fédérations de parents d'élèves). Dans son état, elle ne pouvait les supporter. Elle rentra chez elle, envahie par un trouble inouï.

Dans l'ascenseur, elle se regarda dans la glace. Sur son épaule, cette main. Et si… Il était 16 h 50.

13

« Vous allez bien, Bertrand ? demanda Marjorie.

— Peu ou prou.

— Vous me faites pas un *locked syndrom* au moins ? Non, parce que je suis pressée… Je dois emmener Achille au sumo. Delphine l'a oublié. Elle avait l'air bizarre. Faut dire que lui mettre la paluche sur les seins, c'est un peu direct, non ? C'est pas le genre de la maison. Vous l'avez vue danser ? *Rallye friendly. Dont touch* ! Sauf la tronche de ses mômes. La baffe qu'elle lui a filée… Les pauvres… Ils vont finir au congélo si ça continue. Vous pourriez les adopter ; un de plus ou de moins. Ça vous ferait des héritiers mâles…

— Marjorie, vous êtes une garce… Ménagez-moi parfois.

— Vous pouvez parler. Juliette va être très déçue. Vous n'aviez d'yeux que pour elle… Et voilà qu'avec Delphine, *something in the air*… Elle vous fait tripper ?

— Tripper ? Ah, Marjorie… Si elle me fait "tripper" ? Quelle question étrange. Jamais ma tante, surtout ma tante, d'ailleurs, n'aurait osé poser cette question à un homme…

— Ah non, ne faites pas le vieux quand vous n'avez pas envie de répondre… Alors, avec Delphine ?

— Non… Je ne sais pas… Je ne sais pas… Vous me faites marcher !

— OK, j'avoue… Leonora n'est toujours pas rentrée ?

— Non. Pas encore. Je vis en vieux célibataire. Ma foi, c'est reposant. Permettez que je vous accompagne un peu. Artémis n'a pas eu son quota de promenade. Moi non plus, d'ailleurs. Vous ne trouvez pas qu'il fait chaud ?

— C'est l'effet Delphine, ça !

— Vous n'arrêtez jamais ?

— *Never* ! Filez-moi encore un peu de gel. »

Marjorie et Bertrand, se désinfectant les mains à tour de rôle, suivis d'Achille et Artémis, s'en allaient lentement au sumo. Achille se contentait de manger le chocolat de son pain et donnait le reste au chien qui avait des miettes plein le museau. De temps en temps, Marjorie se retournait pour sourire à son fils. Il ne le lui rendait pas : la voir marcher avec un homme ne lui plaisait pas. Sa mère en pantalon militaire façon python lui faisait honte : elle ressemblait à un jouet articulé. Une poupée déguisée en *Action Man*. Il n'aimait pas le Sumo. Il n'aimait pas l'appartement sombre de sa mère. Ce tête-à-tête du soir ponctué de coups de téléphone, de visites impromptues, de confidences dans la cuisine. Il n'aimait pas dormir dans le lit de sa mère. Il voulait que tout redevienne comme avant : il y avait de la lumière, du soleil, de la chaleur, des couleurs… et son père avec sa mère. Et ce pain au chocolat était dégueulasse.

Marjorie interrompit à peine sa conversation, souhaita mécaniquement « bon cours » à son fils puis repartit avec Bertrand, le sac Titeuf toujours en bandoulière.

17 heures. Achille, assis sur le banc du vestiaire, en slip et jambes maigres, n'avait pas ses affaires de sumo.

14

Le vendeur de *Fatal Cafard*, la boutique où s'était réfugiée Juliette, bien qu'œuvrant par profession pour l'extinction de bêtes en tout genre, n'avait rien d'un bourreau. Son affabilité, au milieu de mille et un gadgets exterminateurs, surprit Juliette.

« Bonjour, madame, que puis-je faire pour vous ?

— Rien… Enfin… Non, rien…

— Y a pas de honte. Rien à voir avec votre hygiène. J'ai l'habitude. Dites-moi tout… Vous avez des souris, des cafards ?

— Heu, des souris.

— Vous en avez beaucoup ou juste une ?

— Heu, juste une. »

La belle-mère d'Olivia était passée. Le danger était écarté.

« Mais je crois que je vais la garder. Je vous remercie. Au revoir, monsieur, et bonne journée. »

À peine avait-elle franchi la porte que, cette fois, elle aperçut Bertrand et Marjorie. Elle retourna dans la boutique.

« J'ai changé d'avis. Je n'en veux plus de cette souris.

— Bon, faudrait savoir... Enfin, il y a différentes techniques : tapette rustique en pin, souricière, planche à glu, piège électrique, poison, ultrasons... »

Juliette découvrait un continent inconnu. L'extinction des souris était un vaste programme.

« J'aime bien l'idée du piège à glu. Mais que faut-il faire une fois la souris collée ? On peut la décoller et aller la libérer ensuite ?

— Ah, non, madame ! Une fois attrapée, elle est perdue pour la science. Faut la laisser mourir...

— Mais c'est horrible ! J'aimerais mieux une solution pour l'attraper vivante et pouvoir la relâcher ensuite.

— Vous êtes idéaliste, chère madame. Vous voulez vous en débarrasser ou non ? »

Juliette vit sa fille passer. Elle riait maintenant à gorge déployée avec la baby-sitter. Juliette se mit à pleurer.

« Je sais, c'est dur. On s'attache à ces petites bêtes... Faut pas pleurer. C'est pas une vie, souris dans un appartement... Pleurez pas (il lui tendit une lingette "désinfection post-mortem". Juliette pensa que c'était plus pratique que le gel hydroalcoolique et qu'il lui fallait en offrir à Bertrand, puis se ravisa, peut-être était-ce indélicat)... Envoyez-moi votre mari, c'est moins sensible, les hommes... »

Juliette pleura de plus belle. Le commerçant la pria de s'asseoir sur un pliant, entre deux boîtes de mort-au-rat et quatre variétés de pièges à mouches (dont l'un à résonance magnétique du plus bel aspect) qui se mariaient admirablement avec les étoffes colorées dont était parée Juliette.

« Faut pas être triste…

— C'est le problème… Je suis heureuse…

— Merde alors… J'ai rien à vous proposer…

— Je me sens si seule. Une souris, tu la tues. Un cafard, c'est simple.

— Faut pas croire, madame, faut pas croire… Mais racontez-moi tout. »

Cette réflexion la fit rire. Et Juliette livra son histoire…

15

Le sexe était là. Il était revenu. Delphine l'avait vu. Sous le velours. Il l'avait atteinte en plein cœur.

Les failles de Delphine étaient sans fond. Un spécialiste soucieux d'étudier leur mouvement tectonique ainsi que leur substrat géologique aurait été affolé par l'accumulation d'épicentres en tout genre et la persistance, couche après couche, de matériaux durs et cassants. Un fantasme de toute-puissance dont le champ d'action se limitait à trois commerçants et deux bars, une immaturité chronique qui amusait ou effarait ses enfants : tout était simple et contradictoire chez Delphine, donc imprévisiblement ambivalent. Son corps lui-même, d'une sensualité oubliée, clignotait çà et là sur fond mat et massif, de mille désirs inassouvis…

Delphine aimait l'efficacité. Elle était prête à payer le prix qu'il faudrait, mais elle voulait du résultat. Elle faisait repeindre les murs, refaire la salle de bains, corrigeait ses copies, lisait des bons livres, allait au cinéma, marchait l'hiver et nageait l'été. Rien à faire, elle n'était pas satisfaite.

L'insatisfaction ! C'était bien là le maître mot de son existence. Enfant, elle se sentait la meilleure partout. Depuis, elle avait négligé quelques questions subalternes comme celles de ses performances réelles, de ses progrès dans la vie ou de son identité sexuelle. « Tu es devenue une adulte bien décevante », lui avait dit sa mère. Enfant solaire en salopette dans les prés, petite fille radieuse, elle avait pris soin de ne toucher à rien, de persévérer dans son être. La vie l'avait portée. Elle avait marché droit devant elle : en chemin elle s'était mariée, avait commencé à enseigner, avait conçu des enfants. Tout lui avait semblé si simple. Peu à peu, elle avait senti son allure ralentir, ses gestes se raidir, son attitude se figer.

À vingt-cinq ans, sa morgue écornée, elle décida qu'elle serait une mère d'exception : et, en effet, malgré l'affection qu'elle pouvait leur porter, ses enfants l'emmerdèrent vite exceptionnellement. Au parc, elle s'imagina au cœur d'une sociabilité féminine pleine de solidarité et de confidences : il ne lui fallut que quelques jours pour trouver les femelles tartes et geignardes, et qui plus est dépourvues de pudeur et de résistance à l'alcool.

À trente-cinq ans, elle s'avérait incapable de considérer sa vie et ne supportait plus ses enfants. Quant à son époux, sa capacité à s'endormir à peine la tête posée sur l'oreiller frisait la narcolepsie. Ce qu'elle se refusait à penser en termes de désir.

Et pourtant, miracle de la vie : le charme de Delphine, qui aurait dû sombrer sous l'aigreur, les rasades de Ricard et les désillusions multiples, restait intact. Camouflé, très camouflé, sous les sous-pulls, les franges, les soutiens-gorge sans armature (elle en avait tant par ailleurs), les pulls à col roulé et les gilets informes à grandes poches, il continuait à vaciller imperturbablement. À vrai dire, Delphine appelait le casse-noix, le marteau à tirelire cochon, l'épluche-légume : on avait envie de la démolir puis de la manger toute crue.

Le sexe, ce vaste mythe, ce légume oublié, existait pour de vrai. Après des années de cohabitation conjugale, elle avait fini par douter de son existence, puis tout bonnement par ne plus y penser…

Voilà comment Delphine en était arrivée à se dire « Et si… ».

Elle s'observait dans le miroir. Elle rayonnait encore de l'émotion qu'avait suscitée Bertrand.

Tiens, son sac. Il l'avait oublié. Encore une de ces saloperies de cakes aux carottes dont Leonora, sa compagne au masque de veuve en puissance (on aurait dit qu'elle s'entraînait quotidiennement afin d'être parfaite pour le jour des obsèques de Bertrand), avait le malheureux secret, le triste hobby. Il faudrait lui rendre.

Elle se sentait l'œil alangui, la lèvre moite, le cheveu souple. Seule dans la cage d'ascenseur, elle déboutonna son manteau, le rejetant vers l'arrière d'un geste négligé qu'elle ne se connaissait pas. Elle le retira. Elle emmerdait le climat, les saisons, le camouflage. Du corps, de la chair… Une main.

16

« Je crois que j'ai quand même réussi à troubler Delphine. Vous ne pensez pas ?

— Ah, enfin, vous l'avouez ! Mais Delphine est *over* mariée, Bertrand !

— Vous aussi, Marjorie…

— Trop pas… Vous êtes grave parfois.

— Canaille, j'aime quand vous êtes piquée au vif ! Delphine est très émouvante…

— Ah ?

— Elle est courageuse, droite, sacerdotale…

— Genre ! Elle est *nice*, tout ce que vous voulez, mais pour le reste… elle n'est pas… comment ?

— Sacerdotale. Presque oblative… Elle sort tout droit d'un roman de…

— *Fuck* ! Vous pouvez pas vivre un peu parmi nous ? Vos romans, vos livres…

— Le romanesque, Marjorie, le romanesque…

— Elle chie comme tout le monde, Bertrand. Arrêtez un peu.

— Vous êtes triviale. Cela fait partie de votre charme. Mais n'allez pas trop loin quand même…

— Trop loin où ?

— C'est à vous de me le dire. Que cherchez-vous au juste, Marjorie ? Soyez sincère pour une fois.

— *No idea*… À passer en mode *alive* ?

— Hum… Bon. Passons. J'ai peut-être exagéré en lui mettant la main sur l'épaule…

— Ouais, une sorte de viol…

— Je ne sais pas ce qui m'a pris…

— Je plaisante ! Y a pas mort d'homme ! Elle a déjà oublié…

— Ah, vous croyez…

— Je dois acheter du pain… Vous m'attendez cinq secondes ? »

Marjorie était embarrassée. Elle ne devait avoir en tout et pour tout que 20 centimes sur elle. Bertrand, perdu dans ses pensées, avait mécaniquement sorti son porte-monnaie et donné un billet à Marjorie. Ce n'était pas la première fois qu'elle lui empruntait de l'argent… Marjorie pensait jouer de son charme et en avait vaguement honte. Bertrand pensait aider la femme adultère, la fille prodigue, et il en était content. Il aimait vivre à l'ombre de références littéraires. Sponsoriser une future Manon Lescaut ou une autre héroïne toxique vouée à la chute lui plaisait énormément.

Marjorie et Bertrand se séparèrent, satisfaits de l'échange, du dialogue et de la transaction. Marjorie revint sur ses pas pour conseiller à Bertrand de bien inspecter l'appartement en l'absence de Leonora, qui sait si quelques découvertes macabres… « Vous êtes une exquise crapule », se vit-elle répondre.

17

Dans l'ascenseur, Delphine se déployait au fil des étages.

Premier étage : Bertrand était vieux, vraiment vieux. Mais, après tout, qu'était l'âge… Bertrand avait tellement brouillé les pistes : il avait une belle-mère moins âgée que lui, une femme plus jeune que son fils, des maîtresses plus vieilles que sa femme, des rivaux de tous âges, une mère morte – définitivement –, une collection d'ex – belles initiatrices devenues arrière-grands-mères ou presque –, des enfants en assortiment, des souvenirs intemporels… Un poème, en somme, un poème sur le temps dont les premiers vers en twist s'effaçaient mélancoliquement et dont les derniers s'écrivaient au rythme des niaiseries *vintage* qui provenaient du MP3 de Leonora.

Deuxième étage : ses manières onctueuses et son expression soignée lui donnaient un charme indéniable. Sa conversation était un enchantement. Elle donnait l'occasion d'employer les formules surannées de ses grands-tantes balnéaires. Delphine releva son pull. Ce col roulé informe avait sans doute été beau. Il ne l'était plus. Elle décida de le jeter dès qu'elle aurait franchi le seuil de sa porte. Caressant le cachemire, elle effleura son sein, le prit dans une main, tendrement. Sa main glissa sur son ventre. Le sac plastique tomba à terre.

Troisième étage : en présence de Bertrand, Delphine s'était sentie désirable. Son regard abritait une étincelle incroyablement vive que l'on avait envie d'attiser encore, et toujours, toujours plus. PLUS ! En retirant ce pull qu'elle ne pouvait décidément plus supporter, Delphine passa en revue tous les petits signes de connivence qui avaient ponctué leur échange quelques instants plus tôt. Cette désinvolture incroyable avec laquelle il avait posé la main sur son épaule. À ce souvenir, son rythme cardiaque s'emballa. Son reflet dans le miroir se brouilla. Elle posa sa joue sur la buée chaude. Elle sentit son corps. Elle l'avait oublié. La douceur de ses seins. Sa taille douce. Ses cuisses massives mais tremblantes, vivantes. Ses mains jouèrent des boutons de l'ascenseur, ses doigts décrivant des cercles autour des étages, ses jambes plaquées contre le tissu rêche de la cabine.

Quatrième étage : Bertrand avait un magnifique organe : une voix chaude et vibrante. Une voix faite pour le râle et l'amour. De celles que l'on prenait plaisir à imaginer murmurantes, susurrantes. L'entendre ahaner. Son souffle rauque sur sa nuque. Elle se retourna brutalement, se rafraîchit au contact de la porte, fit bâiller la ceinture de son pantalon. Dans le miroir apparut son aîne, le haut de ses poils pubiens, quelques vergetures irisées. Elle s'avança. Puis recula. S'avança, recula encore. Son pied buta sur son sac, son manteau et son pull. Elle se retint à la poignée transversale.

Cinquième étage : Bertrand savait s'habiller. Ses vieux cachemires, ses vestes en tweed élimées, ses chemises qu'il ne boutonnait jamais jusqu'en haut. Et ce triangle de peau fine, tendue sur les os de la clavicule. Elle y apercevait le dessin ondoyant d'une artère, dont la teinte bleutée l'émouvait intensément. La vie est si fragile. Surtout à cet âge. Ne lâchant pas la poignée, elle s'accroupit dans l'attitude d'une stripteaseuse à sa barre Roux et Combaluzier. La démarche oscillante de Bertrand dénotait une souplesse remarquable.

Sixième étage : le sexe. Celui de Bertrand. Elle se coucha sur le tas de vêtements. Sa tête fit basculer doucement son sac à main.

Septième étage : Bertrand, près d'elle. La voulant, la désirant… « Delphine, je vous veux », au creux de son oreille. « Ma canaille. » Elle se recroquevilla. « Vous êtes une garce. » Ses mains s'emparant sans ambages de ses seins, courant sur son dos, s'attardant sur ses reins avant d'entamer la courbe de ses fesses. Du gel hydroalcoolique sur les draps. Delphine respirait à peine, empoignait son vieux col roulé. Elle ne répondait plus de son cœur.

Huitième étage : la voisine de palier ne comprit pas ce que l'épouse de M. de Lorme faisait affalée dans l'ascenseur, son sac vidé par terre, à moitié nue, le visage pourpre, la bouche entrouverte, les mains crispées, le front trempé, le regard fixe.

Elle tira Delphine, qui prétexta une crise de claustrophobie (après tout, elle se sentait enfermée dans sa vie), hors de la cabine.

18

Bertrand, après avoir quitté Marjorie, se retrouva seul. Il était 17 h 15 et il n'avait pas envie de rentrer chez lui. Promener le chien constituait pour lui l'occasion d'une sorte d'exil sexuel, d'un anachorétisme libidinal, et pour tout dire, d'une pause salutaire dans une vie grouillante d'instincts, de désirs et de conquêtes. Non, sa chienne, il n'en avait pas envie. Il avait pourtant baisé bien pire. Une promenade sans enjeu, voilà ce qu'il lui fallait. Il avait toujours suivi l'animal en lui. De queue lasse, externaliser la bête lui était reposant. Il aspirait au calme. À la sérénité. Il était fatigué. Les lubies de Leonora devenaient pathétiques : les cakes, les légumes d'antan, les pashminas sur les murs, la luminothérapie… Sa maîtresse, Sabine, commençait à l'ennuyer. Il l'ennuyait aussi, à vrai dire. Elle finirait par le quitter. Ce serait sans regret. Il lui manquait quelque chose. Il lui était agréable de dîner avec elle, de coucher avec elle.

Elle avait une conversation plaisante. Elle était jolie, avait du succès, des enfants, un ex-mari aimable, un métier intéressant. Il ne lui manquait rien. Elle ne connaissait ni aigreur ni frustration. Il aurait dû en être ébloui, lui proposer de partir avec elle, de l'épouser, de lui faire des enfants. Il avait d'ailleurs été à deux doigts de le faire. Jamais il n'avait rencontré femme si équilibrée ! Leurs relations étaient admirablement simples. Sans manipulation, sans fausse pudeur, sans mensonge… Elle n'avait rien dissimulé de sa personnalité, de son histoire, si parfaitement limpide (l'enfance, l'arrivée à Paris, l'internat, l'installation dans son cabinet, le mariage, les enfants, le divorce). Elle téléphonait quand elle avait envie de le voir, lui disait des mots gentils quand elle les pensait. Leonora n'était pas un problème pour elle. Mieux, Sabine était de bon conseil. Bertrand se confiait à elle, l'interrogeait sur son métier, les différents types de psychotropes, les pathologies les plus courantes. Ils s'aimaient. Calmement.

Entre ses bras, s'il se sentait bel amant, il se sentait amant inutile. Ses pensées étaient toutes occupées des errances et détresses de Delphine, d'Olivia, de Marjorie ou de Juliette. Il aimait aider, épauler, soutenir. Il avait consacré sa vie à cet art : à trois ans, son père volatilisé en Indochine pour affaires (ce mensonge n'avait jamais été dénoncé, il feignait d'y croire encore), il avait embrassé les joues pleines de larmes de sa mère. Il avait tenu tête à la famille, refusé le déclassement. Aimé, adoré, il n'avait pas été protégé.

Ses oncles et tantes avaient occupé les maisons, oublié sa mère, décidé des horaires du tennis, des itinéraires en voiture, il avait fait ce qu'il avait pu. Il tenterait toujours de faire mieux. Il avait juste besoin de se sentir utile. Pour Sabine, il ne pouvait rien. Ils faisaient l'amour, elle ne pleurait pas, elle était souriante, jouissait puis se levait. Bertrand s'ennuyait. Il aimait la détresse. Ses amies de l'école lui offraient, chacune à sa manière, une forme d'abandon, de vulnérabilité propre à susciter son émoi. *Lacrimosa, dolorosa, errabunda, reconquista*... Ah... Ah...

Il ne cessait de penser à Delphine.

Bertrand s'arrêta pour prendre un café. À la télévision apparaissait la photo de Blandine Jamoux, la mère infanticide. Deux enfants de plus. Elle n'était pas belle. Pas laide non plus. Un visage étrangement sans relief ni particularité. Mais il fut immédiatement touché par ce qu'il imaginait chez cette femme : des silences et des secrets, des accouchements clandestins, des trous creusés dans les landes, des larmes étouffées, des cris de bébés qui s'arrêtent net dans la nuit froide d'un hameau isolé, un palefrenier amoureux qui observe tout cela en silence, des couronnes de bruyère et des feux de joie, un mari qui rentre ivre de la foire et abuse de son épouse, un lord en calèche...

Après s'être désinfecté les mains, il reprit sa promenade. Delphine...

Pourquoi aujourd'hui ? L'absence d'Olivia ? La méchanceté de Marjorie ? Le fait que ce soit le jour de son anniversaire, celui de ses soixante-dix ans ?

Elle lui était apparue différente. Quelque chose s'était fendu... Il se repassait la scène. La main, l'épaule... Le gros manteau, les petites impertinences convenues. La respiration de Delphine qui s'accélérait, ce trouble dans son regard, cet affolement et ce départ précipité. Elle n'était pas très jolie. Elle n'était pas très aimable. D'ordinaire. Mais là... Non, il devait se faire des idées. Elle n'avait jamais prêté attention à lui. Ne venait pas à ses brunchs. Ce devait être autre chose. Il avait passé l'âge de se faire des idées.

Suivre son chien. Sa chienne. Donc. Oui, vivre sans désirs, sans projets, sans travaux ni peinture, s'installer, en somme, mourir peut-être, Bertrand en rêvait à chacune des pauses urinaires imposées par Artémis. À croire que cette fox bâtarde avait une prostate ! Qui sait ? L'animalerie lui avait bien promis que le cochon d'Inde aurait une espérance de vie raisonnable. Deux semaines. Trépas. Pas d'autopsie. Un cadavre dans un sac. Le sac dans la main...

Le sac ?

Qu'avait-il fait du sac ? Avec angoisse et stupéfaction, il se revit devant l'école passant le sac à Delphine pour s'arracher à la laisse. Il prit son téléphone portable et tenta de la joindre. La ligne était occupée. Il appuyait sans cesse sur la touche, jusqu'à ce que, soudain, à la faveur d'un amollissement de son pouce, son téléphone se mît à sonner. Trop tard, c'était Delphine ! Il hésita quelques secondes, puis se décida finalement à faire face. Tant pis. Advienne que pourra.

19

« Venez dîner, Bertrand…

— Je voulais m'excuser pour…

— Pas de ça, à ce soir…

— Pour le sac…

— Venez ! »

Delphine raccrocha. Bertrand dînerait chez elle ce soir. Elle balança à la poubelle cet épais col roulé qu'elle avait tant aimé. Puis son manteau, sa chemise, son pantalon, sa culotte et son soutien-gorge. C'était du passé. Oui, du passé se dit-elle, nue, le téléphone à la main, assise sur le délicieux fauteuil crapaud de son arrière-grand-mère.

C'est ainsi que Bertrand accepta l'invitation de Delphine à dîner. Non sans méditer sur cette propension qu'avaient les femmes actuelles à donner des ordres à tout bout de champ, à couper la parole et à ne pas finir leurs phrases. De magnifiques barbares au langage cru, aux désirs informes, aux expéditions confuses. Des barbares quand même…

Bien plus compliquées que leurs mères, qui avaient au moins des revendications articulées. Où cela les mènerait-elles ? Bertrand se voyait comme un rempart contre l'anomie féminine. Contre l'anomie tout court.

Fort de cette mission civilisationnelle, il se décida à passer chez Delphine tout de suite afin de récupérer le sac et le cadavre de Mirabelle. Il ne voulait pas que l'animal mort inaugure sa soirée galante et préférait régler cette question tout de suite.

20

Olivia errait dans le quartier. Elle n'avait pas envie de rentrer chez elle. N'en pouvant plus, elle chercha son Lexomil. Elle tremblait. La boîte bondit hors de ses mains, tomba sur le trottoir, rebondit, perdit son emballage puis son couvercle, se laissa glisser jusque dans le caniveau, déversa en route une partie de son contenu, puis finit par se perdre dans une bouche d'égout. Les genoux sur le bitume, les mains dans l'eau, le cul en l'air : elle qui n'était déjà pas à proprement parler détendue se sentit gagnée par la panique. Elle fixa la serpillière municipale. *Fluctuat nec mergitur.* Et sentit une chaleur inhabituelle lui consumer la joue.

Elle maudit ses beaux-parents et leur foutue sollicitude.

Se « ménager » du temps ensemble ! Se retrouver. Ces paroles, qu'elle aurait trouvées pleines de bon sens si elles étaient adressées à l'une de ses amies, provoquaient chez elle un grand malaise. Si elle n'était pas totalement certaine de ne plus aimer Pierre – elle ne savait pas très bien ce qu'était l'amour –, elle pouvait en revanche affirmer de manière péremptoire qu'elle ne voulait plus coucher avec lui ! Pire qu'une absence de désir. L'absence de désir, on pouvait s'y faire. Non, c'était pire. Il y avait là quelque chose de l'ordre de la phobie, de la répulsion pour cet homme avec qui elle vivait pourtant agréablement, qui était joli garçon, drôle, aimable. Et terriblement désirant. Il ne pouvait pas s'empêcher de lui sauter dessus dès que les enfants disparaissaient de la maison. Pas à la régulière. Non, il lui fallait de l'imprévu. Les repas en tête à tête étaient devenus une sorte de décompte culinaire avant l'acte. Elle pouvait le trouver charmant au supermarché, avec des amis, sur un sentier en forêt… mais il lui était insupportable en tant qu'être sexuel. Au moindre enjeu érotique, elle lui trouvait des airs de bête…

Elle était injuste.

Mais enfin, il y a quinze jours, il s'était jeté sur elle alors qu'elle remplissait le lave-vaisselle. Comme ça, la tête entre les assiettes sales et les couteaux dressés. Elle avait eu sous les yeux les restes souillés d'une liste de mariage princière déposée dix ans auparavant au Printemps. La vinaigrette irisée coulait sur les assiettes Hermès dont les motifs s'estompaient année après année. Le vin gouttait des verres Baccarat. Triste liste. Vaisselle idiote. Elle n'avait plus vingt ans. À vingt ans, d'ailleurs, ils n'avaient pas de lave-vaisselle. Et elle n'aurait pas apprécié davantage. Mais au moins, elle aurait eu la satisfaction de lui faire plaisir ou de raconter la chose à ses copines encore vierges, histoire de les terroriser… Le plaisir des autres ne lui procurait plus aucun contentement. Plus rien ne lui procurait de contentement. Elle n'osait pas en parler à Pierre. N'envisageait pas de se refuser à lui de crainte de le blesser. Et de quoi aurait l'air leur couple ? Elle se sentait en panne.

Elle ne comprenait pas. Elle ne comprenait plus rien. Pourquoi ce qui lui semblait si simple dix ans plus tôt lui était devenu insupportable. Elle ne comprenait pas comment Marjorie trouvait goût à se taper des mecs débiles. Pourquoi la France se ruait pour se procurer porte-jarretelles, menottes et *sex toys*. Les gens aimaient-ils vraiment ça ? Étaient-ils sincères ou grégaires ? Elle ne comprenait pas comment une mère pouvait se retrouver cinq fois enceinte sans s'en rendre compte, comment elle pouvait, après avoir assassiné son enfant, coucher de nouveau avec son mari. Elle ne comprenait rien à cette nouvelle mode du « déni ». Quel était son déni à elle ? Elle regardait sa vie en face. Elle n'évitait aucune question douloureuse.

Pour ce soir, elle avait uniquement envie de se retrouver, elle, seule. Sinon, se défoncer au Lexomil.

Toujours à quatre pattes dans le caniveau, le bras plongé dans la bouche d'égout, Olivia ne pouvait plus ignorer ce contact sur sa joue. C'était à la fois chaud et insupportablement humide. Elle releva la tête et se trouva nez à nez avec Artémis, qui déglutissait péniblement la dizaine de comprimés qu'elle avait encore dans la gueule. Artémis – Bertrand. Une lueur d'espoir jaillit dans son esprit. Bertrand. Elle remonta du regard la laisse télescopique et le trouva à son extrémité, une vingtaine de mètres plus loin, le téléphone portable vissé à l'oreille. Il ne la quittait pas du regard. Consciente du ridicule de sa situation, elle se redressa aussitôt. Elle attendit poliment que Bertrand ait terminé sa conversation pour le rejoindre. Un SMS. Pierre : « Je réserve une table au japonais ? » Pourquoi persistait-il ? Pourquoi ne comprenait-il pas ?

21

« Ma chère Olivia ! Que faites-vous donc dans cette position incongrue ?

— Ah, Bertrand, j'ai fait tomber mes clefs dans le caniveau. J'essayais de les récupérer.

— Voulez-vous que je regarde ?

— Non, non. Ce n'est pas grave. C'était juste celles de la boîte aux lettres. Je me sens déjà beaucoup mieux. Votre présence, sans doute…

— Je suis flatté ! Mais vos clefs…

— Oh, quelle importance, je ne reçois jamais de courrier !

— C'est vrai qu'avec les moyens de… »

Olivia n'avait pas le cœur d'entendre un exposé sur les dangers de la sociabilité virtuelle, l'agonie du courrier, les amours épistolaires, la puissance de l'écrit et d'écouter pour la trentième fois Bertrand raconter l'effet qu'avaient produit les héroïnes de Pierre Louÿs sur son adolescence concupiscente… Son problème à elle était concret. En chair et en os.

« Vous m'accompagnez un peu ?

— Vous n'avez pas l'air dans votre assiette...

— Oh... on a fait mieux. Je n'y arrive plus très bien.

— Mais à quoi n'arrivez-vous plus, Olivia ?

— Je ne sais pas. Je n'y arrive plus. Venez dîner ce soir... Je suis seule avec Pierre.

— Je ne vais pas jouer les trouble-fête ?

— Au contraire... Au contraire... Je ne suis plus de ces fêtes. Plus du tout... Venez dîner avec nous, mangeons et buvons trop, rions. Ça, ça m'aiderait... »

C'était en moins d'une heure la deuxième invitation à dîner que Bertrand recevait, alors que Leonora menaçait de rentrer à la maison à tout moment et qu'il devait voir Sabine. Pourvu que tout cela ne cache pas un anniversaire surprise... Enfin, le désespoir d'Olivia, bien qu'il lui fût totalement incompréhensible, ne lui était pas indifférent. Ne pas vouloir se donner à un autre – s'il avait bien compris –, c'était une manière de s'offrir à lui. Certes très indirecte. Il accepta. Tout en trouvant qu'Olivia se compliquait beaucoup la vie : avant-guerre, les femmes ne faisaient pas tant d'histoires, se pliaient à leurs devoirs, n'en mouraient pas et c'était sans doute mieux ainsi.

Le portable d'Olivia sonna. Elle hésita à répondre. Et si c'était encore Pierre ? Bertrand en profita pour s'échapper : il devait récupérer Mirabelle.

Au téléphone, c'était Delphine. Chewbacca, l'appelait-on dans le quartier. Qui paraissait enrhumée et essoufflée. Étonnant avec tous ces cols roulés !

Entre deux éternuements, elle lui demanda de garder ses enfants ce soir. Sans doute était-elle malade. Ses mômes étaient infernaux mais ils venaient la sauver. Elle accepta donc avec un enthousiasme qu'elle réussit heureusement à dissimuler. Les fils de Delphine, Bertrand : Pierre passerait la soirée à boire et à rééduquer, elle était sauvée. Momentanément sauvée.

22

Olivia fit un petit bond de joie. Un tout petit. Elle était contente. Elle avait perdu ses comprimés. Mais elle était soulagée de ne pas passer la soirée en tête à tête avec Pierre.

Soulagée. C'était peu. Mais c'était déjà ça. Elle était encore capable de se réjouir de quelque chose. « Se bouger le cul », avait dit Marjorie. Avait-elle idée du dégoût qui s'empare de votre corps à l'idée d'ouvrir la bouche pour y accueillir la langue de celui pour qui vous vous devez de ressentir amour et désir ? Et imaginer un repas de fêtes quand la nourriture vous semble écœurante. « Peut-être que tu t'écoutes un peu trop », avait dit Delphine, dont la surdité en la matière était légendaire. Oui, cela pourrait être ainsi, une, deux, une deux, j'ai un métier, des enfants, un mari, une maison, des rideaux, des parents…

De quoi avait-elle envie ? De dormir, de se recroqueviller sur son lit, ses cheveux jaunes et raides sur le visage. De dormir. Oui, c'est ça, de dormir… Et il n'était que 17 h 20.

Elle n'avait envie de rien. De tendresse, de caresses, de mots doux, de fous rires ? De bluette *Mademoiselle Âge tendre* ? D'un nouveau départ ? Non. Elle n'avait plus envie de rien. À quand remontaient ses derniers désirs ? À vingt ans, elle aimait encore les gâteaux. Pierre lui ramenait des bonbons Haribo pour l'aider dans ses révisions. Depuis quand n'avait-elle pas mangé de bonbons ? Marjorie, elle, piquait ceux de son fils. Ah, oui, elle avait eu envie de devenir vétérinaire. Elle en avait vraiment eu envie. À quatorze ans. Elle avait donc aimé les animaux. Elle s'en fichait maintenant. Elle avait aimé faire l'amour avec Pierre. Elle ne parvenait plus à se souvenir de ce qui lui plaisait, ni de ce qu'elle avait ressenti. Elle se souvenait de chambres, de papiers peints, de petits gestes. Ses enfants : leur naissance avait été source d'angoisse. Ça avait peut-être commencé là ? Mais pourquoi ? Elle les avait aimés tout de suite. Elle aimait leur tenir la main. Leur laver les cheveux.

Elle avait gardé en mémoire la sensation de l'eau glacée d'un lac de montagne. Un lac de montagne, c'est un peu court pour une vie pas tout à fait ratée. Sa vie n'était pas ratée, d'ailleurs. Pierre et les enfants lui donnaient un sens, mais un sens lointain. Elle vivait de-ci de-là, par fragments. Elle parlait peu mais était appréciée. Pour quoi ? Elle aimait rendre service, élevait ses enfants avec calme et rigueur. Sa beauté éteinte était empreinte d'un mystère que chacun tardait à découvrir. Bref, elle inspirait le respect. Elle allait mal avec constance, flegme, régularité.

23

Le cadavre de Mirabelle, seul dans le sac, seul dans la cabine vide de l'ascenseur, était à présent en route vers le cinquième étage. Il fut repoussé dans le fond par la roue d'une trottinette. Au rez-de-chaussée, il resta cinq minutes. Il eut tout loisir de s'étaler lentement. Dans son linceul aux armes de la grande distribution, il persistait dans la mort. Un pied maladroit gonfla le sac, le pressa contre la cloison. Au dixième étage, il se fendilla. Au onzième, une patte menue s'en échappa. Pause. Le Caddie d'une locataire le déplaça encore au quatrième. Il trouva refuge derrière la cloison qui se trouvait au fond de la cabine, celle-là même, ironie du sort, qui sert, une fois ouverte, à descendre, en cas de décès, les cercueils des habitants. Une touffe blanche de poils autrefois soyeux agonisait sur le sol. Dans la pénombre, Mirabelle faisait ses derniers voyages, après l'ultime. Elle qui avait toujours été sédentaire découvrait les joies posthumes de la vie verticale.

La porte s'ouvrit.

À la vue de ce pauvre sac éventré, Bertrand blêmit. Quelle conclusion désastreuse le cerveau fantasque de Delphine avait-il tirée à sa découverte ? Les mères sont sans pitié. La journée le prouvait bien. Toutes des Jamoux… Recevant leurs confidences, il les savait incontrôlables. Et cette façon d'abandonner l'animal mort. Fallait pas avoir de cœur.

Le cœur de Delphine, il avait pourtant cru le voir palpiter devant l'école. Illusion.

Embarrassé à l'extrême, il renonça à monter s'expliquer, se saisit du sac et décida d'aller chez Marjorie. Il ne se sentait pas bien. Il serait content de la voir encore. Allait-elle le rembourser du prix du pain ? Il ne fallait pas y compter. Depuis qu'elle avait dégringolé de son piédestal, qu'elle connaissait les affres de la déchéance de la femme libérée (avec un siècle de retard, mais Henry James aurait apprécié), elle faisait tout de même preuve de davantage de bienveillance. Elle connaissait bien Delphine et il avait envie de parler d'elle. Et puis Artémis se traînait, se roulait par terre, faisait des sauts étranges, elle semblait avoir besoin de s'arrêter.

Il arriva en quelques instants devant chez Marjorie.

Elle était déjà rentrée : ses fenêtres embuées en témoignaient. Quelle condensation d'ailleurs pour un appartement si peu chauffé. Un amant ?

24

Marjorie avait froid. Très. La nuit commençait à tomber, il était 17 h 30. Elle avait allumé dix-sept bougies chauffe-plats, celles que l'on trouve en sacs chez Ikea (désormais sans voiture, elle devrait aller accompagnée au paradis suédois, subir les itinéraires d'une autre, les manies d'une autre, Ikea, c'est un art de vivre que l'on partage rarement). Il fallait économiser les bougies, mais il faisait si froid. Elle avait lancé une pyrolyse. Et, quasi collée contre la porte du four, assise sur le carrelage de sa cuisine, elle consumait sa neuvième cigarette. Elle avait négligemment posé étoles et foulards devant ses fenêtres. Elle ne calfeutrait pas : elle se « faisait une déco à l'anglaise ». Elle pourrait faire du repassage ? Peut-être cela lui tiendrait-il un peu chaud. Mais l'électricité…

« Je suis fauchée. Non, pas fauchée. Ça, c'était quand j'étais riche. Non, je suis pauvre. Pas encore. Non, pas pauvre. C'est pas ça, la pauvreté. Je ne peux pas dire ça. C'est indécent. Je suis sur la brèche. Je suis, mon Dieu, ça y est… J'y suis, c'est ça, c'est la précarité. »

C'était le prix de sa liberté. Elle avait quitté son mari dont elle n'était pas encore divorcée.

Elle avait préféré ne pas y penser. Et voir plus tard. Seule comptait l'authenticité des sentiments. Elle voulait avoir le courage de la vérité. C'était formidable par beau temps. Là, il faisait froid et elle aurait préféré faire quelques compromis pour gagner quelques degrés Celsius.

Elle avait envie de parler. Mais son forfait était dépassé et elle n'avait pas de téléphone fixe. Elle pourrait envoyer des textos mais elle commençait à sentir qu'elle emmerdait tout le monde à tenter d'élaborer des récits psycho-sociaux en T9 qui arrivaient par bribes aux destinataires, amputés, décalés ou inversés. Elle les réservait donc pour les grandes occasions (commérages, ragots, blagues…). Elle était seule. Même sa méchanceté ne lui tenait plus compagnie.

Elle avait fait sa crâneuse. Son boulot dans la mode, son salaire, son arrondissement, l'école du quartier « bien fréquentée » qui lui permettait de cracher sur ceux qui mettaient leurs enfants dans le privé, les vacances en avion, le soleil en décembre, les vêtements de créateurs… Pis, elle avait été arrogante. Elle avait raillé les couples vitrines, les couples morts, les couples accommodés, les couples adultères, les couples éteints, les couples faussement heureux, les couples qui baisaient encore, ne baisaient plus ou baiseraient toujours. Elle les avait tous débinés. Sauf le sien. Et pourtant... Avait-elle seulement aimé Cédric ? Elle avait aimé qu'il soit si beau. Et qu'elle soit aussi belle. Elle avait aimé leur couple. Ils avaient belle allure, iPhone, veste en velours Paul Smith et lunettes de soleil en hiver. Partis de rien, deux égarés aux enfances malheureuses, ils avaient réussi. Elle se trouvait « glamour » dans ses bras, elle le trouvait viril à son épaule. Ensemble ils étaient drôles, inventifs, sympathiques, libres et beaux.

L'un en face de l'autre c'était autre chose. Ils ne renvoyaient plus la même image. Lui, gentil et élégant, semblait alors d'un vide abyssal. Elle l'aimait en mouvement, en représentation, en public. Elle l'aimait parlant par bribes, conduisant la voiture de luxe ou la baisant au miroir. Elle redoutait les discussions et les tête-à-tête : ces moments lui laissaient tout loisir de se demander qui il était vraiment, ce qu'il pensait, ce qu'il était, quelles étaient ses capacités et ses limites. Il devenait quelqu'un, plus une partie d'un tout. Sans doute était-il intelligent... Sinon, elle ne le trouverait pas si beau. Elle n'aurait pas eu un fils avec lui. Elle reniflait ses maladresses provinciales, ses douleurs d'enfant et ses bluffs de beau gosse. À deux mètres de lui, elle ne pouvait s'empêcher de le considérer méchamment. Deux mètres, c'était la distance de sécurité de Marjorie, celle qui lui permettait de ne pas s'impliquer, de ne pas s'investir, de regarder les cons passer et de juger sans aucun risque. Les blagues, les petites répliques ; c'était sa manière d'y être sans y être.

Elle avait décidé de se jeter à l'eau, de goûter à l'authenticité, à l'amour vrai. Elle avait quitté Cédric. Elle était tombée ensuite de caricatures en simulacres : l'authenticité tournait à vide. Elle avait pensé que cela irait tout seul, qu'il suffisait de briser les liens, de vivre quelques aventures et de se lever tard en semaine. Elle s'était émancipée mais elle ne se trouvait pas plus libre.

Là, presque en larmes, sur le sol, à compter les bougies et fixer la minuterie du four, elle se découvrait indulgente. Olivia, au moins, avait la dépression authentique : son débit, son teint, ses cheveux ternes et son corps osseux se répondaient. Delphine fonçait sans regarder, sans se regarder. Entière et généreuse. Elles faisaient toutes ce qu'elles pouvaient. Certaines mieux que d'autres. Jouer au Fouquier-Tinville de l'amour absolu lui coûtait cher. Et pour quel amour, quel absolu… C'était sordide, mais c'était ainsi. La Finance avait en partie relayé l'Église et l'État : l'ordre fiduciaire avait succédé à l'ordre moral. Cohabiter. Ne plus se toucher. Seuls les salaires venaient à s'épauler. Elle avait tellement fanfaronné…

Peu à peu, son univers se dépouillait : le chat, chez son « mari dont elle n'était pas divorcée », les vacances, le parfum, l'huile faramineuse, l'embellisseur abricot, le bio, le champagne, les fruits hors saison. Pauvre petite fille riche. Il ne lui restait que la moitié de son fils, Hector le cochon d'Inde, des pommes de terre sous toutes les formes possibles et ses cigarettes. Même ses névroses l'avaient quittée : plus de temps pour ça.

L'argent, qui ne l'avait jamais intéressée (ça aussi, elle l'avait dit et redit), était en passe de devenir une obsession. Elle trouvait humiliant que son intégrité ait un prix. Elle avait envisagé de payer moralement (dépression, regrets, crises familiales...), physiquement (cuites, nuits blanches, fatigues, mycoses), mais elle n'avait pas vu venir les factures, les relances, le bail, les emprunts, les impôts. Elle avait été courageuse ; Bertrand le lui avait dit, quand son entourage ne s'arrêtait qu'à ses outrances, ses provocations, ses brutalités. L'argent gâtait tout. L'argent était partout. L'argent minait tout. L'argent était-il tout ?

Toc. Toc. Toc.

Quelle idée d'habiter un rez-de-chaussée ! Bientôt les gens entreraient par la fenêtre. Elle se jeta à terre, espérant se dissimuler à l'importun.

25

Bertrand vit une forme ramper à terre.

Un amant !

Dans la cuisine, en plus. Marjorie devait se trouver dessous. Mais c'était urgent. Il cria du plus fort qu'il pouvait afin que Marjorie puisse entendre quand bien même un maroufle ferait des interférences.

« Marjorie, je vous sais occupée, mais je vous ai vue. Rassurez-vous, cependant, je n'ai rien vu. Rien. J'ai un besoin urgent de vous parler. Quand vous aurez fini, prenez votre temps, ces choses-là ne doivent pas être précipitées, les femmes actuelles ont besoin d'accomplissement, j'y souscris, bien que cela vire au diktat ces temps derniers. J'aimerais néanmoins que vous me consacriez cinq minutes. J'attends. Terminez tranquillement… »

Marjorie, couchée sur le carrelage froid, ne parvenait pas à voir Bertrand qui, par décence, s'était collé contre le mur. À travers la buée, elle ne distinguait que le museau d'Artémis qui semblait faire des bonds démesurés, langue pendue, yeux exorbités. Elle rampa jusqu'au salon. Là, c'était la croupe d'Artémis qu'elle voyait bondir par intermittence. Elle avança encore en rampant. Elle entendait, comme tout le quartier, Bertrand hurler : « Prenez votre temps, Marjorie, les plaisirs de la vie sont fugaces, il faut savoir en profiter, ne pas les gâcher, Marjorie, allez-y, allez Marjorie, jouissez sans entraves, comme on disait dans le temps, vous ne serez pas toujours jeune, alors, oui, jouissez, jouissez et cueillez votre jeunesse. Mignonne ! »

Marjorie n'avait plus froid. Au huitième « jouissez » hurlé dans sa ruelle, à la vue des fenêtres s'ouvrant les unes après les autres, elle crevait de chaud. Elle se demandait comment arrêter Bertrand qui déclamait maintenant du Ronsard à pleine voix tout en se frictionnant les mains de gel. Ouvrir la fenêtre, c'était s'humilier publiquement. Se lever, c'était être aperçue de tous. Elle rampa jusqu'à la porte, attrapa son portable au passage et, tout en ouvrant la serrure, lui envoya ce texto lapidaire : « Entrez ! »

Bertrand entra, jetant des regards circulaires dans la pièce. Personne. Ce butor devait être sous la douche.

« Vous allez bien, Bertrand ?

— Mais parfaitement ! Enfin, non. Je suis terriblement enquiquiné. »

Baissant la voix.

« Nous en parlerons seul à seul.

— Nous sommes seuls, Bertrand. »

Soulagé, Bertrand s'assit sur le canapé. Enleva son lourd Barbour. Une main sur le sac de feu Mirabelle. Il n'était plus question de s'en séparer. Dans le sac blanc éventré, vite rafistolé autour de son cadavre froid, Mirabelle ressemblait à un rouleau de printemps de la plus belle facture. Bertrand ne parvenait pas à jeter l'animal. Il ne parvenait pas non plus à le glisser dans la poche de son manteau. Au contact de la bête, il fut pris d'une angoisse intolérable. Delphine était futée : elle ne tarderait pas à voir quelque chose de tout à fait révélateur dans ce don précipité, d'un rongeur qui plus est, mort, en outre, enrobé de plastique, en sus. Il n'allait pas passer pour un pervers, quelle naïveté, mais pour un vieil homme sans pudeur qui faisait offrande de son organe dévitalisé, version plastifiée, à la plus robuste des femmes du quartier. Il leva les yeux vers Marjorie qui regardait, ahurie, Artémis exécuter une sorte de danse de Saint Guy en arabesques quadrupèdes. Cela aurait pu être pire : Delphine n'était pas médisante. C'eût pu être Marjorie. Rien qu'à l'idée, Bertrand se sentit défaillir. Il renonça à tout avouer.

« Servez-moi vite quelque chose ! »

Marjorie se dirigea vers le robinet.

« — Un remontant. Je vous prie… »

Pourquoi pas des sels ! Marjorie avait un fond de gin apporté par des amis. Son mari dont elle n'était pas encore divorcée avait aussi eu la garde de la cave.

Bertrand n'eut pas le temps de commencer son verre qu'il fut interrompu par Artémis qui, à force de sauts et gambades, traversa la vitre du salon (qu'elle cassa) et alla s'étaler sur le trottoir. Bertrand, scout toujours, retira son pull, arracha sa chemise, nul ne saura sans doute jamais pourquoi, et sauta tel un fauve par la fenêtre. Torse nu, il serrait dans ses bras l'animal inconscient. La pluie tomba sur cette scène : toison contre toison, chien et maître s'étreignaient.

Marjorie n'était pas émue. Il allait falloir trouver un vitrier. Pire, elle allait devoir le payer. Et en attendant elle allait avoir encore plus froid. Elle se laissa tomber sur le canapé, regardant à peine Bertrand et Artémis enlacés. Elle était profondément découragée. Quel vieux con ! Quel sale importun avec son con de chien au nom prétentieux. Les déesses, toutes des connes. Toutes des chiennes. Bertrand s'était levé, il tenait virilement la chienne dans ses bras, comme une mariée sur le pas de la nuit de noces, une princesse victime d'un élixir dormitif ou bien un mineur au piolet sur une affiche de propagande soviétique. C'était viril, pas maternel. Tant mieux. Elle n'avait pas envie de s'apitoyer.

« Je suis désolé, Marjorie, je cours chez le vétérinaire, je crains qu'Artémis ne soit en danger, et je viens réparer tout cela. Si vous pouviez trouver vitre et mastic… Je me sens terriblement coupable mais je dois filer. Artémis m'inquiète vraiment. »

26

« C'est ça, casse-toi avec ta putain de chienne, viagra*fuck*er ! »

Marjorie avait marmonné. Assise sur la parka de Bertrand, elle s'y emmitoufla. Sentit contre son sein une bosse. Un cancer ? Ça y est, elle en avait un. C'était prévisible. La punition… Ah, non, le portefeuille de Bertrand et le flacon de gel hydroalcoolique. Elle ouvrit le portefeuille. Une photo de sa mère. Un permis de conduire incunable. Une carte Vitale. Même lui a une carte Vitale, pensa-t-elle. Elle se sentait redevenir vraiment méchante. Une photo de Leonora ! Quelle pouffiasse. Bertrand avait fait du bon boulot : il avait verni son inculture d'une touche de sophistication branchée qui donnait à cette hystérique complètement creuse quelque consistance. Deux billets. De cinq cents euros. Elle n'en avait jamais vu. Bertrand allait encore chercher l'argent liquide à la banque. En bon bourgeois d'antan, il aimait les guichets, les coffres, les grouillots, les billets qui passent de la main à la main. Il détestait les cartes bancaires, les virements, les achats sur Internet. Mille euros. Marjorie les prit.

Marjorie trépignait de joie sur son clic-clac.

« Putain, c'est quoi ce truc ! Quelle horreur ! »

Ses trépidations fessières contribuèrent à déplacer le pochon funèbre du mammifère. Mirabelle gisait contre sa cuisse, le museau enfoui entre deux coussins. Marjorie saisit l'animal. Il n'avait pas l'air en forme. Elle le secoua doucement. Puis brutalement. Étalant la bête sur le dos, elle posa son index sur la cage thoracique de l'animal et tenta un microscopique massage cardiaque digital. Le pronostic vital n'était pas bon. D'autant que Marjorie avait perforé de son doigt le torse velu de l'animal. C'était froid à l'intérieur. Marjorie pensa aux soldats napoléoniens qui éventraient leurs chevaux pour se tenir chaud. Mais le cochon d'Inde ne tiendrait plus chaud à personne. Elle retira son doigt empêtré dans un mélange de côtes, de mini-poumons et de sang froid. Elle alla s'essuyer la main dans la chemise que Bertrand avait laissée par terre. De chez Figaret. Sans surprise. Puis vida sur ses doigts la bouteille de gel.

« Bordel, putain de bordel, j'ai buté son cochon d'Inde ! Quel gros con avec ses merdes domestiques. Ferait mieux de faire un moutard à sa connasse. »

Elle était méchante. Et avait chaud. Elle ramassa Mirabelle, l'enveloppa dans la chemise, jeta le tout dans la poubelle de la cour. Bertrand, lors de sa visite, avait perdu sa chemise, son cochon d'Inde, sa fiole fétiche… et mille euros. Et son chien n'allait pas très bien. Marjorie commençait à culpabiliser. Il fallait lui rendre. Pas l'argent. Non, le cochon d'Inde. Elle ouvrit la cage d'Hector, le rongeur de son fils. Le sortit doucement. Il ressemblait à s'y méprendre à Mirabelle. En plus tonique et jovial. Mais Bertrand ne s'en apercevrait sans doute pas. Il fallait du moins l'espérer. Elle roula cependant Hector dans un petit bain de Météorites de Guerlain (il lui restait quelques billes, ce luxe, elle devrait désormais s'en passer) : Hector faisait plus féminin, c'en était surprenant. Il était le portrait vivant de Mirabelle.

Son fils allait pleurer. Beaucoup. De toute façon, il pleurait beaucoup en ce moment avec la séparation de ses parents. Elle mit Hector délicieusement fardé dans une petite cage. Il serait plus heureux chez Bertrand : le cochon d'Inde n'est pas un animal arctique. Le froid l'aurait tué. Elle faisait là une bonne action. Elle rit à cette idée.

Marjorie avait chaud, mille euros et redevenait terriblement dure, cruelle. Elle redevenait elle-même, en somme. Il était 18 heures.

27

Chez *Fatal Cafard*, Juliette était passée aux aveux. Ça y est, elle l'avait dit à quelqu'un. Un inconnu, certes, mais elle n'avait pas été foudroyée. Les passants marchaient encore dans la rue. Son pouls était calme. Le vendeur la regardait normalement.

« Me voyez-vous leur dire ça comme si de rien n'était ? Je ne sais plus quoi faire. Je crois qu'ils préféreraient avoir Blandine Jamoux pour fille. Tout plutôt que ça. J'aurais trois nouveau-nés dans mon congélateur qu'ils pourraient en parler plus librement avec leurs voisins. Ils seraient peut-être fiers. Je passerais à la télévision, j'aurais fait quelque chose jusqu'au bout. Mieux que mon boulot de « dame d'œuvre » comme dirait mon père. Et pourtant, moi, je n'arrive même pas à avoir honte de moi. Au contraire, je ne me suis jamais sentie aussi bien… Je n'avais pas le choix, de toute façon. Vous savez, cela procède un peu comme une vocation, un appel divin. Cela vous tombe dessus et vous n'avez plus le choix. Il ne vous reste plus qu'à vous soumettre.

— Je vous suggère la fumigénation. Vous faites l'annonce, vous partez en fermant la porte et vous les laissez avec la nouvelle.

— Mais ce ne sont pas des blattes ! Ce sont mes parents !

— Vous les verriez plutôt rongeurs ou termites ?

— Aucun des deux !

— Réfléchissez, faut adapter votre stratégie en conséquence. Moi, je ne peux pas vous aider si vous me dites pas...

— Ils ne sont pas nuisibles...

— C'est pas ce que j'ai cru entendre ! »

28

Delphine ne pouvait tenir en place. Elle sortit de chez elle brutalement. Elle avait besoin de marcher. Ses pas la menèrent incidemment vers le rayon lingerie du Monoprix voisin. Elle se devait d'être prête. Elle se promena exaltée entre les rayons : tout était possible. Bertrand, en raison de son âge, devait aimer tous les styles : le panty lui serait une réminiscence, le string de la prospective. Peu à peu, son enthousiasme s'écorna : elle avait essayé une culotte et s'était trouvée comme un chou-fleur entouré d'un fil de soie. La dentelle lui donnait l'air paupiette. Elle finit, dépitée, par se convaincre qu'un peu d'authenticité lui siérait davantage.

Elle ne mettrait rien ! Ouf !

Assise dans la cabine d'essayage, elle était quand même considérablement déprimée et angoissée. Il était encore temps de renoncer... Oui, elle allait renoncer. Se balader cul nu, quelle idée !

Mais elle n'y parvenait pas. Elle pressentait quelque chose, une bifurcation, une échappée. Elle avait envie de voir ce qu'elle allait trouver si elle avançait un peu plus. Après tout, elle ne risquait pas grand-chose. Ce serait comme un jeu. Marjorie faisait mille fois pire et Bertrand s'en amusait. Quelques mètres encore à franchir, juste pour voir.

Non, il fallait renoncer. Elle en était capable. Il était encore temps.

Elle n'en pouvait plus. Son cœur habitué à battre à un rythme régulier et monotone allait lui casser la poitrine. Ses seins se soulevaient. Elle transpirait. Palpitait. Il fallait que cela cesse. À tout prix.

Elle sortit du magasin et appela Olivia. Il lui fallait quelqu'un de calme à qui parler.

29

Non, pas la sonnerie. Pas Pierre qui se réjouit. Pas ça. Pas de « j'ai hâte », pas de « j'ai vu des prix intéressants pour la Croatie », pas de « ce soir »... À la moindre vibration de son téléphone, Olivia se figeait. Elle sentait la menace se rapprocher. Cela ne pouvait plus durer. Et merde au temps libre, et merde aux trente-cinq heures. Tout ce temps à attendre, à redouter. Ah, c'est encore Delphine...

« Allô, Olivia, c'est encore Delphine. Je ne vais pas bien du tout, je fais n'importe quoi...

— C'est pour ça que tu voulais que je prenne tes enfants ce soir ?

— Non, enfin, si... Aide-moi. Je ne peux pas te parler, mais ça ne va pas du tout. Je déconne. Tu me trouves jolie ?

— Mais bien sûr !

— Je suis grosse, non ?

— Ah, non.

— Je fais soixante-quatorze kilos.

— Mais tu viens d'accoucher !

— Rodrigue a huit ans.

— Tu vas maigrir. Mais t'as un charme fou. Pense aux tableaux.

— J'emmerde Rubens !

— Comment tu savais que…

— L'habitude. Et t'as pas un truc pour maigrir en deux heures ? Faut que je me trouve un anneau gastrique.

— Qu'est-ce qui t'arrive ? Ça va pas, toi. Bon, j'ai pas le temps de passer, j'ai des invités et je dois faire des courses avant d'aller chercher tes enfants au sumo. Calme-toi. Appelle-moi si ça ne va pas mieux. Passe chez Marjo, Achille va chez son père ce soir. Elle doit déprimer.

— Ah, oui, c'est une idée. Je vais me geler… J'y vais. Je laisse le sac des enfants là-bas, c'est sur ton chemin, non ? Tu le prendras chez elle.

— C'est parfait. Allez, courage, ma grande. Je pense à toi. »

Olivia était décidément incroyablement douce et gentille. Ses enfants pâles, sages et ternes étaient les vivants reflets d'une vie tamisée sur fond beige. Elle semblait quelque créature nocturne égarée dans le monde diurne. Qu'elle ne parvenait à supporter qu'à grands coups de médicaments. Delphine sentait pertinemment que quelque chose en Olivia était serré, étreint, peut-être même mort. Mais quoi ? Elle ne se confiait pas.

Marjorie s'était amusée en suppositions diverses car Olivia était secrète : Olivia était tour à tour lesbienne refoulée, schizophrène régulée, bonne sœur défroquée, perverse dissimulée, femme frustrée, mère abusive… Marjorie n'avait pas eu le temps de trancher : le sexe, l'euphorie puis le froid et le manque l'avaient détournée de cette question. Pauvre Marjorie. Pauvre Olivia.

30

Il fallait croire qu'aujourd'hui encore les femmes payaient. Déchéance. Réprobation. Elles étaient les héroïnes d'un monde sans forme ni récit. Divas sans arsenic ni tuberculose qu'aucune voie de chemin de fer n'appelait au suicide, elles restaient en suspension dans un monde volatil qui ne les condamnait pas mais ne les soutenait pas non plus. Elles agitaient leurs bras tant qu'elles pouvaient, l'une pour ne pas sombrer totalement dans le malheur, l'autre pour garder la tête haute par moins cinq.

Était-ce une question d'âge ? De génération ? Était-ce le triste destin des filles des femmes libérées ? Elles avaient vu leurs mères en sabots et jupe longue pendant quelque temps. Elles les avaient ensuite consolées, femmes trompées, dans leurs cuisines encastrées. Elles avaient entrepris de faire mieux, sans effet d'annonce. Sans slogan. Elles avaient toutes décidé de faire simple : monogamie, parité, égalité, éducation et travail, confiance et liberté. Les enfants grandissaient. Les cheveux blancs apparaissaient. Près des genoux, la peau changeait de texture. Dans les magazines, les actrices avaient dix, quinze, vingt ans de moins qu'elles. Le temps de l'assurance et de la confiance se dissipait. Tout était possible mais rien ne survenait. Après tout, ces mères tristes auraient pu être de bon conseil. Elles n'avaient même pas cherché à les écouter. Quelle arrogance… Plus tout à fait jeunes, pas encore vieilles, d'une beauté mate aux pattes d'oie, elles sentaient qu'il fallait faire quelque chose. Elles se mirent à lire Simone de Beauvoir qu'elles avaient toujours évitée. Pour la première fois, elles se voyaient vivre. L'imposition de la main de Bertrand avait réveillé Delphine de son sommeil dogmatique. Olivia, sans médicaments, sentait la vie s'étrangler. Marjorie avait tenté un coup d'éclat. Et Juliette avait préféré disparaître, puis se réfugier dans une boutique sordide.

Seul Bertrand était en mesure de donner forme à ces vies évanescentes. Il avait avec lui les cadres, les manières, les oppositions associés à une compréhension subtile des enjeux du présent. Leurs maris en étaient privés. Allaient-ils mieux qu'elles ? Évidemment, non. Ils ne savaient plus non plus à quoi se raccrocher, de quoi se libérer, à qui demander pardon ou dire merci. Gaétan, l'époux de Juliette, pleurait à longueur de journée ; Cédric à vide promenait dans son auto des jeunes filles timides ; et Pierre n'écoutait que son désir pour ne pas entendre les tristes échos de la mélancolie familiale. Leurs épouses, au contact de Bertrand, se transfiguraient. Eux ne savaient pas comment réagir. Gaétan aurait aimé demander conseil à Bertrand. Mais Bertrand ne savait pas parler aux hommes. Au bout de trois phrases, il incarnait à leurs yeux une forme précaire de régression masculine : « Le sexe a guidé ma vie, le devoir m'a maintenu en forme ; j'aime les femmes, je les ai trop aimées ; l'homme est fait pour assumer et souffrir en silence, il faut se ressaisir et cesser de pleurer, image de père... »

31

L'appartement avait perdu encore quelques degrés depuis qu'Artémis et Bertrand s'y étaient défenestrés. Marjorie s'employait maintenant à calfeutrer l'ouverture avec du carton. Peu probant. Elle avait de nouveau froid. Elle alla chercher sa combinaison de ski doublée de plumes d'oie, vestige de vacances dispendieuses à Courchevel durant lesquelles elle se faisait monumentalement chier. Elle s'en vêtit : elle n'irait peut-être plus jamais au ski. Elle ne pourrait plus imiter la fiancée de l'oligarque russe en goguette dans la station. Une de ses meilleures imitations.

Toc, toc, toc. 18 h 10.

Encore ! Ça devenait insupportable ce rez-de-chaussée. Elle n'allait pas passer sa vie couchée par terre, ni vivre les volets fermés. Elle ouvrit. C'était Delphine.

« Tu pars au ski ?

— Non, j'avais juste froid. Bertrand et son clebs sont passés et ont trouvé le moyen de casser la fenêtre.

Je suis grave vénère. Je ne m'en sors plus. Delphine, je vais péter un câble. J'aimerais bien, comme toi…

— Moi, ça ne va pas du tout…

— Le mastic et la vitre, *fuck*…

— Ça ne va pas du tout, Marjorie…

— En plus, je ne sais pas à quelle heure il va passer, du coup, je vais…

— MARJORIE, JE NE VAIS PAS BIEN !

— Oui, mais toi, t'as vu ta vie… Un *fabulous for ever.* Moi c'est la première fois. En plus, depuis deux jours…

— Marjorie, j'essaie de te parler, là. Je suis venue te voir parce que je ne vais VRAIMENT pas bien du tout. Je me sens EXTRÊMEMENT mal. Je suis venue parce que j'ai besoin de ton aide.

— Ah… pardon. Je te vois comme quelqu'un de si solide. *Strong no string.* Alors que moi, avec ma fragilité…

— T'es devenue atrocement égocentrique. T'es insupportable. En fait, tu as toujours été égocentrique, mais avant au moins tu étais drôle. Et tu ne parlais pas comme une gamine de quinze ans.

— Si t'es venue pour me critiquer, tu peux te casser. *No way.* J'ai pas besoin de ça.

— Arrête, arrête. On va pas se fâcher. Écoute-moi. Tu risques de te marrer en plus. Marjorie, je crois que j'ai envie de Bertrand.

— Bertrand ? Notre Bertrand ? Le Bertrand ?

— Oui.

— Tu bettencours ou quoi ?

— Il y a quelque chose.

— Bon, je te l'avoue, je l'ai bien vu tout à l'heure. Ça va te coûter cher en Viagra ! Au fait, ton père, ça va ?

— Marjo ! T'es dure…

— Tu veux dire que tu l'aimes ?

— Non, je ne crois pas. Je ne sais pas. Il me fait chaud. Je n'avais pas ressenti ça depuis dix ans.

— Il t'attendrit ?

— Non, on ne peut pas dire ça.

— T'as envie de complicité, quoi ?

— Non, j'ai envie qu'il me "nique".

— Comment tu parles !

— Comme toi.

— Mais moi, c'est pour rire ! Ça te va pas du tout. T'es vulgaire.

— J'ai envie de me le faire. De le pécho ? C'est comme ça que tu dis, non ? De le fréquenter. De bagatelle. De saillie.

— C'est génial, tu parles comme lui maintenant ! Mais ça t'a pris d'un coup ?

— Ouais. J'ai toujours bien aimé Bertrand. C'est vrai. Mais je ne m'imaginais pas… Son âge, mes grosses fesses…

— Et là, ça y est, c'est l'*happy new year* ? Il suffit de te toucher les seins pour que tu…

— T'es bête… Je ne sais pas ce qui s'est passé. Quand il a posé sa main, j'ai…

— Mouillé ?

— Non, j'ai été comme transpercée. C'est difficile à décrire, quelque chose est tombé ; c'est pas un coup de foudre.

— Encore heureux. Pourquoi lui ? T'as encore le choix à trente-huit ans.

— Il me plaît.

— À toi ?

— Oui.

— Putain, Delphine, t'es dingue. Et ton mari ?

— Ben, ça va à peu près. C'est étrange, je suis celle qui a la vie la moins merdique d'entre nous et ça me tombe dessus…

— Sympa… Bon, ne t'emballe pas. C'est peut-être un délire d'un jour.

— Ouais, tu as raison, peut-être. Mais ça m'angoisse. Faut que je le revoie.

— Tu verras, ça aura disparu. Bertrand, quand même, t'es *over the* realité…

— Il est parti il y a longtemps ?

— Non, il va sans doute chez le véto, enfin, je crois. Tiens, en plus j'ai un bon prétexte pour toi, il a laissé sa parka et un sac. Tu pourrais lui rendre. *Aware*, y a sa Mirab dedans. Toujours en vie, malgré nos paris !

— On avait été méchantes ! Et Hector ?

— *Game Over.*

— Désolée. Bon, j'y fonce, après je n'aurai plus le courage. »

32

Marjorie glissa la petite cage dans un sac en papier kraft et le donna à Delphine : l'animal pourrait respirer. Elle regarda Delphine s'en aller. Son cul n'était pas si gros que ça. Elle était même potable. Qu'en penserait Bertrand ? Si Delphine pouvait les débarrasser de Leonora, ce ne serait pas si mal ! Et puis Bertrand était charmant. Absolument charmant. Merde, merde, merde, pourquoi n'y avait-elle pas pensé avant Delphine ? Il lui fallait Bertrand. Coucher avec lui ? Non. Sans façon. Mais conserver le monopole de la séduction. Elle avait été la chouchoute. Elle était celle dont Bertrand était amoureux. En tout cas, elle en était persuadée. Si Bertrand devait souffrir, aimer, déshabiller, jouir, ce devait être pour elle. Sans elle, de préférence, mais pour elle. Delphine ? Quelle rigolade ! Il lui fallait récupérer Bertrand. Elle aurait le prétexte de la vitre pour le retenir à dîner. Ou sortir avec lui.

Histoire de donner un handicap à sa rivale, elle envoya un SMS à toutes les femmes du quartier.

33

Le vendeur de *Fatal Cafard* commençait à perdre patience. Cette femme, qui était maintenant depuis plus d'une heure dans sa boutique, ne comprenait rien à la nature humaine. C'était pourtant évident. À regret, il continuait les métaphores animalières, peut-être qu'ainsi elle finirait par saisir son propos.

« Le rat ! Mais oui, le rat ! Je ne veux pas vous faire peur mais un couple, c'est près de trois cent mille descendants en trois ans. De la bouffe à gogo, trente mille crottes chaque année, de la pisse en continu, des maladies en veux-tu en voilà, la salmonellose, les pasteurelloses, la leptospirose, la dysenterie porcine, la trichinose, la toxoplasmose…

— Je ne vois pas le rapport avec ma fille ? Elle n'y est pour rien. Elle n'a rien demandé. Elle est comme moi, elle subit.

— C'est pas ce que j'ai cru entendre… »

Juliette se demanda si elle n'aurait pas mieux fait d'aller s'épancher dans la boutique de sushis.

Quoiqu'une analyse de sa famille en termes de poissons crus et de quotas de pêche au thon rouge lui aurait été tout aussi désagréable. Son portable vibra. Un texto de Marjorie. Quelle peste…

Fuir, fuir au plus vite ce quartier pourri.

Nuisible.

Elle sortit.

34

Ignorant tout de la résurrection surprise (comme de la plupart des résurrections) de Mirabelle, Bertrand marchait péniblement dans la rue, sous le poids d'Artémis en plein coma, assailli par le froid. Le sang du chien séchait peu à peu et, coagulé, tiraillait les poils de son maître, torse nu, pietà version trente millions d'amis comptant avec angoisse les minutes qui le séparaient de la clinique vétérinaire. Étalée sur son corps, Artémis lui faisait un vivant mantel. Pour combien de temps ?

« Courage, tiens bon ma valeureuse, allez, tiens bon, Arté ! » lui susurrait-il à l'oreille. Mais l'oreille d'Artémis continuait à pendre de manière lugubre devant son œil mi-clos. La langue, elle aussi, pendait à l'unisson. « Allez, pour moi, pour moi, mon beau chien, fais-ça, ne me laisse pas, ne me laisse pas tomber. Pas aujourd'hui… »

35

« Je m'ennuie comme un rat mort… Ai envie de me casser… T'es où ? »

Olivia fondit en larmes. Il fallait être raisonnable. Elle relut le texto de Pierre. Mot à mot. Il n'avait rien de particulièrement menaçant. Il s'ennuyait au boulot. Il avait envie de rentrer. Il lui demandait ce qu'elle faisait. Le tout était plutôt enjoué, complice, gentil.

Elle n'y voyait que compte à rebours, pression, envie, attente…

Elle avait beau le lire et le relire, elle ne parvenait pas à se calmer. Ni à répondre. Elle avait de plus en plus froid. Elle entra dans un café et se commanda un thé. À la télévision on annonçait qu'un quinquagénaire (cette précision lui tenait lieu d'identité) avait été tué par son fils dans une famille apparemment sans histoires. Apparemment sans histoires. Olivia, elle, se sentait, au-delà des apparences, par essence, sans histoires. Elle n'avait même pas l'envie ni l'énergie de se suicider.

36

Ce fut comme une apparition.

Juliette qui s'élançait au loin à travers le boulevard était simplement métamorphosée, d'une minceur toute sexuelle. Ses cheveux relevés en chignon mettaient en valeur la finesse de son cou, finesse qui se prolongeait ensuite jusqu'à la cheville. Alors que Bertrand ne l'avait connue qu'engoncée dans d'épais manteaux à chevrons, elle se promenait perchée sur de hauts talons, jambes galbées de rouge, jupe verte et calicot jaune. Hier elle était un gros volatile exsangue, aujourd'hui elle était perruche avec un brin de colombe.

Bertrand en était abasourdi. Il aimait les transformations. Surtout celles dont il était l'auteur. Il n'était pas tout à fait inconscient de ses talents de magicien. Il avait choisi ses compagnes comme des résidences secondaires : en tenant davantage compte de leur potentiel que de leur état actuel. Il aimait l'idée de faire une « bonne affaire ». Il aimait bonifier. Il aimait restaurer en tenant compte de l'esprit du lieu, des coutumes locales. Avec douceur, à grand renfort de bonnes manières et de désir sexuel, il calfeutrait chez les unes et les autres les failles les moins élégantes.

En connaisseur, il reconnut au premier coup d'œil que Juliette était tombée sur un maître de l'art. Un orfèvre. Bertrand appréciait beaucoup Juliette. Mais elle était mariée à un homme qu'il respectait et l'ampleur des travaux lui avait semblé considérable. Surtout, Juliette était de son milieu et ça, Bertrand n'en voulait pas. Partager les mêmes repères et les mêmes traditions obligerait à les dépasser en permanence par une réinvention personnelle, faute de quoi on sombrait dans l'ennui des conventions ; cela supposait une force intérieure qu'il ne se sentait pas, lui qui n'aimait rien tant que sortir de lui-même pour reconstruire les femmes qu'il avait désiré rénover. Il recherchait le « différentiel sociobiographique », comme il aimait à dire lorsqu'il théorisait sa vie sexuelle chaotique. Delphine, issue d'un milieu aristocratique, le stimulait : selon son adage, les nobles sentaient le crottin et la terre arable. Et cela ne lui aurait pas déplu de civiliser une femme de la noblesse d'épée qui aurait en elle les parfums brutaux de la gabelle, du fourrage, des pierres à mâchicoulis, les musiques sommaires et étouffées de l'estoc et de la poulaine sur tomette, les reflets primaires du feu dans le donjon et du blason sable et azur.

Juliette avait été jolie. Très. Puis elle avait renoncé. Contrairement à Delphine chez qui la forme s'associait au caractère, il y avait chez elle quelque chose qui clochait. Elle ne savait pas être grosse. D'ailleurs, elle n'était pas grosse (avant travaux), elle était comme soufflée de-ci de-là avec, par portions, des finesses menues réparties de manière stochastique. C'était un physique par destination : Juliette n'osait plus plaire, avait peur de ses charmes, peur de ses désirs, peur de penser. Mais aujourd'hui, elle avait d'un coup rejeté ces entraves : un corps fin était sorti de la gangue, les genouillères et les bouées étaient tombées.

Les fondations. Voilà la différence. Juliette avait d'excellentes fondations. Elle avait veillé à suivre le fil des générations. Elle avait transmis : les livres, les habitudes, les histoires, les anecdotes et les bonnes manières. Elle appelait sa grand-mère trois fois par semaine. Elle allait avec sa fille au cimetière s'asseoir sur les tombes familiales. Modestement, elle avait accepté d'être un maillon. Elle avait maintenu tous les fils ensemble. Daphné avait kickers et robes sages. Gaétan était conforme aux attentes parentales : discret et pertinent, il avait su se fondre et devenir un membre à part entière de la famille. Juliette s'était toujours proclamée heureuse, mais son corps lui avait échappé et tenait un autre langage.

Juliette était une grande bourgeoise, catégorie jusqu'alors bien trop associée à sa mère et sa tante pour que Bertrand en ait perçu le potentiel libidinal. Il n'avait pas eu de cousine ni de sœur, c'est pourquoi il était passé à côté. Elle s'élança soudain pour traverser le boulevard. Bertrand redouta qu'elle ne s'engouffrât dans la station de métro et disparût à nouveau avec le secret de son alchimie.

37

« Juliette ! Juliette ! »

En levant la main pour lui faire signe, Bertrand laissa tomber la moitié du corps d'Artémis qui se balançait comme un pendule, les oreilles balayant le sol avec régularité devant le stand de l'écailler : le chien, par capillarité, s'imbibait d'huître.

« Juliette… »

Juliette continua son chemin, feignant de ne pas entendre les intonations de plus en plus graves de l'appel.

« Juliette. »

Ce fut le bruit surprenant d'un chien vomissant ses tripes au milieu des algues sur fond de hurlements d'ostréiculteur qui la conduisit à faire volte-face.

Elle n'avait pas répondu à ses vingt-cinq messages pleins de tolérance (elle-même se tolérait à peine et avait en horreur ce côté main tendue à Marie-Madeleine, sainte et pécheresse), douze textos bienveillants et quatorze mails (dont sept collectifs pour ses « brunchs du quartier »). Elle allait devoir retourner à ses horribles brunchs sucré-salé où l'ennui Mariage Frères rendait infinis les interminables dimanches d'hiver. Elle devrait de nouveau s'extasier devant la tourte rhubarbe-blette de Leonora, ses jus gingembre-mangue-vinaigre de potiron et autres subtilités culinaires à gerber que seule Olivia appréciait et que Marjorie faisait semblant de vomir dans les plantes pour amuser la galerie.

« Bertrand ! Comme je suis contente !

— Vous avez voulu m'éviter ! Artémis va mal. Très.

— Elle est malade ? Et vous ? Que faites-vous à moitié nu ?

— C'est un peu long à expliquer.

— Regardez, elle se réveille ! »

Artémis leva la tête, lécha le cou de son maître, posa son museau dans son coude et sembla s'assoupir. Pendant ce temps, maugréant, insultant Bertrand qui n'en avait cure, l'écailler, bottes dans le vomi, raclait le sol avec un balai brosse.

« Elle va prendre froid ! Rentrons dans le café.

— Et Artémis ?

— Elle va beaucoup mieux, regardez ! » dit Bertrand.

38

À peine entrée, et pas encore assise, Juliette commanda d'autorité deux Campari. Bertrand était la seule personne du quartier à accepter d'en boire. Question d'éducation.

« Elle semble aller beaucoup mieux. Elle dort !

— Elle a perdu beaucoup de sang…

— Pauvre bête… Sa respiration est calme. Et les blessures sont superficielles.

— Contrairement à celle de votre époux, bonne Juliette. Gaétan se comporte comme si vous étiez morte et ses airs endeuillés découragent toute tentative d'approche. Ah, Juliette, Juliette, vous en faites couler, des larmes… Allez-vous bien, vous, au moins ? Sinon, c'est à n'y rien comprendre.

— Bien. Très bien. Enfin… si, bien quand même. À vrai dire, je ne sais pas…

— Nous ne savons rien non plus. Bien que les suppositions aillent bon train, je ne vous le cache pas.

— Ce quartier est un village. Si je n'avais pas déménagé, j'aurais une chouette clouée à ma porte. J'étouffe… »

« Waouf » fit Artémis dans une sorte d'écho plein d'empathie avant de se rendormir. Juliette commanda deux autres Campari.

« Vous ne comprenez pas ?

— Peu ou prou.

— Je suis avec quelqu'un…

— On s'en doutait vaguement, Juliette !

— Avec une femme.

— Doux Jésus !

— Et voilà… je regrette de vous l'avoir dit. »

Bertrand, torse nu, fut pris de tremblements. Une femme ! Une femme ! Il rassembla ses esprits afin d'afficher un air de tolérance immédiate, de bonne réaction, d'ouverture sexuelle. Il prit une pose « moderne » qu'il accompagna de borborygmes pleins d'empathie surjouée.

Juliette demanda des cacahuètes pour accompagner les deux Campari qu'elle venait de commander et couvrir le ricanement grinçant de Bertrand qui lentement se transformait en suffocation.

39

Sur le chemin de la clinique vétérinaire, Delphine imaginait sa soirée. Un rire qui la poussait à poser la main sur l'épaule de Bertrand, une hésitation et un chavirement Roche-Bobois. Elle se voyait revenir nue de sa cuisine, au naturel. Elle envisageait aussi des pleurs et des larmes séchées de baisers paternels, amicaux puis brutaux et torrides. Elle élaborait mille et une manières de se déshabiller, palpitait à l'idée de se découvrir splendide et généreuse à quatre pattes sur son lit quand elle s'était trouvée si laide dans le miroir de la cabine d'essayage. Elle hésitait entre l'audace et la pudeur. Elle opterait, sans doute, le moment venu, pour un mélange des deux qui la ferait jeune fille, femme mariée et femme libre tout à la fois. À moins, finalement, qu'elle n'ose rien…

40

Bertrand était abasourdi. C'était une femme qui avait accompli ce merveilleux travail. Toujours silencieux, alors que Juliette lui faisait part de ses tourments intimes, Bertrand pensait aux questions qu'il aurait aimé lui poser. Ses manières le lui interdisaient. Comment s'étaient-elles rencontrées ? À quoi ressemblait la dame ? Il l'imaginait tour à tour masculine et râblée, puis raffinée et fluette à fume-cigarette. Avait-elle des enfants ? S'embrassaient-elles dans la rue ? Était-ce du cul, de la tendresse ? Les deux ? Comment faisaient-elles l'amour ? Les pensées de Bertrand vagabondaient pendant que Juliette entamait le chapitre de l'amour sans préjugés. Bertrand en était bardé et en était content. Les femmes en faisaient quand même beaucoup trop aujourd'hui. Dans l'entre-deux-guerres, les mères avaient leurs défauts mais elles n'auraient pas eu de pareilles idées : quitter leur mari pour une femme ! Même pour un homme, la princesse de Clèves n'avait pas quitté le sien. Ces jeunes femmes manquaient parfois de jugeote. Ça dépassait l'entendement. Elles couraient à leur perte. Il fallait résister. Les protéger d'elles-mêmes.

Bertrand se dispensait donc d'écouter. Artémis continuait à dormir et à réchauffer son maître.

Utilisaient-elles des *sex toys* ? Lui-même n'en avait jamais eu l'occasion. Leonora en avait acheté en prévision du jour où il serait impuissant mais il avait ces choses en horreur. Elle les avait choisis avec soin. Il n'y avait que des accessoires en matière noble, respectueux de l'environnement : godemichés en bois tendre non traité, bougies en cire naturelle, liens en chanvre bio, vibromasseurs à énergie solaire, crèmes au ginseng équitable... Tous ces objets lui faisaient penser aux fleurs funéraires qu'un jour Leonora déposerait avec recueillement et ardeur sur sa virilité défunte, son sexe éteint. Ils auraient le temps de voir. D'ici là, il préférait l'amour en manuel. Mais deux femmes... Des accessoires, son esprit ne tarda pas à passer aux fondamentaux. Le corps de Juliette prenait une autre tournure. Cette grande bouche, cette belle grande bouche, s'ouvrant pour embrasser de manière torride le sexe d'une inconnue. Léchant en lèche de femme. Mais une femme. Ces mains menues touchant des tétons familiers, ces longs doigts bientôt humides pénétrant un vagin, les petits seins de Juliette blottis contre les gros seins d'une femme généreuse, toison contre toison (encore !). Des lèvres en pagaille, des clitoris en joute orgasmique, des cambrures et des mouillures. Des odeurs de femmes. Pas de sperme. Plus d'hommes. Un monde débordant de femmes. Des femmes partout. Des cuisses ardentes, des soupirs et des cris. Des cris, des râles, plus de romans. Plus d'ombrelles. Et des cheveux, que de cheveux, collés aux bouches, aux fronts, balayant les omoplates et les reins. Et leurs pieds ! Mon Dieu, leurs pieds ! Leurs petits pieds… Maman !

Elles étaient là : l'érection et l'ivresse.

La première arracha un soupir plaintif à Artémis qui sentit une poussée contre sa poitrine.

41

« Qu'est-ce qui m'arrive ? Qu'il arrête ! Ahhhhhhh, j'ai trop mal. J'ai si peur. C'est mon tour, je vais mourir. Je meurs. Je suis morte. Mirabelle, me voilà ! Fais taire le chœur et la harpe, je veux entendre le fracas de ma mort. Je la mérite. Tends la patte au chien pêcheur. J'arrive.

Mirabelle… Deux semaines de malheur. Course effrénée dans la roue. Paille au cul. Condition animale à tout rompre. Et moi, l'écuelle aux lèvres, l'os aux dents, j'ai vu tout cela. Ronger. Mordre peut-être. Rogner tout au plus. Tu ne cavaleras plus. Ta course, terminée. Rouille roue de nos divertissements. Pauvre Mirabelle, lueur poilue des cœurs solitaires. Tu réchauffais les petites mains d'enfants. Elles ne te tueront point. Trop tard. Ils devront grandir et se regarder en face.

Les humains. Ils ont, eux, portes et rideaux et je n'entre pas dans la chambre du maître. J'ai tout su de Mirabelle. Tout. Ses crottes et ses angoisses tapies dans la cage en pluie noire de songes et céréales. Ses sommeils où elle se rêvait indienne et cochonne : elle n'était ni l'une ni l'autre. Usurpatrice. Je l'ai tout de suite su. C'était un mâle. Je l'ai tuée. Comment ? Vous le ne saurez pas. Usurpatrice. Salope.

Salope aussi la maîtresse. En sa tristesse enlaissée. Un chien n'est pas végétarien, je mourrai sans qu'elle l'ait compris. Il aime la viande, la chair, les nerfs, les os, le cartilage. Il aime broyer. Il aime agiter la bête. Il aime chasser. Putain, je descends du loup ! Du louuuuuuuuuuuuuuup ! Du sang, pas du cake aux airelles. Du sang, pas de la sauce tomate. Du sang, du sang… Du sang, partout, là je me sens bien. Je colle. J'aurais aimé puer un peu plus avant de partir. Le maître boit trop. Il pue plus que moi. Et bave tout autant. Je marche et il marche. On s'arrête, il bande et parle. Pauvre maître. Je traîne son gâchis sur les pavés. Il m'a attachée. Il m'a opérée : je meurs bréhaigne. Il m'a tant lavée que de poudres en lotions j'ai perdu l'odorat.

Mais je l'aime. Mon maître aux grandes mains. Mon maître aux soupirs. Mon maître aux femmes. Je t'abandonne. Mon beau maître. Mon cœur me pique. Je suis prête… Je… »

42

« Il ne se passera rien ce soir et c'est sans doute très bien comme ça », se dit Delphine.

« Bertrand est un support, je cristallise, je cristallise... Bertrand n'est rien. Bertrand est un vecteur. Bertrand est un prétexte, une disponibilité. »

« Bertrand », elle aimait répéter ce prénom. Un prénom miracle : comment tant de noblesse pouvait naître de l'union de « ber » et « rand ». « Ber, Bert, Bertrand », psalmodiait Delphine noyée de désir, d'ardeur et de réminiscences scolaires.

Magie de la formule, Bertrand lui apparut : son dos velu, enchâssé de pattes canines inertes, était collé à la vitre du café. Pli après pli. Les poils de ses oreilles illuminés par les néons du bistrot se dressaient de part et autre de sa tête, dont le cou était rouge à l'excès.

Stendhal avait raison : Bertrand était la branche et le cerveau de Delphine avait fait tout le reste, les motifs, le décor, les mouvements et les couleurs.

Elle désirait. Mais pas Bertrand. Elle ne ferait pas l'amour ce soir. Quel dommage… Ce dos, cet horrible dos. 18 h 30.

43

« Ça va vite passer… » Non, c'était un peu trop plat.

« Mon chéri. » Non. « Coucou, Pierre. » Non, c'était son mari, quand même. « Salut » ? Bof…

« Bon courage. À ce soir. » C'était quand même très froid.

Olivia n'eut pas le temps de trouver la formule idoine pour répondre à Pierre. Elle reçut un texto de lui : « Je rentre, mon amour. »

Elle se liquéfia.

44

Delphine vit Juliette en face de Bertrand. Toute mince ! Bien qu'étrangement bancale.

Bertrand se leva, la chienne dans les bras prise de soubresauts lugubres. Delphine le vit sortir du café, pris de panique. Sa chair nue, son corps d'enfant grandi puis vieilli, sa vulnérabilité, sa gentillesse… Bertrand. Bertrand. Bertrand. Cela revenait. Cette chair avait l'air douce et soyeuse, et le chien venait à merveille accentuer la tendresse de l'ensemble comme un petit sac à dos d'enfant.

Delphine le regarda s'éloigner puis vint rejoindre Juliette qui tentait péniblement de sortir de la brasserie en écrivant un texto.

« Juliette ! Qu'est-ce qui se passe ?

— C'est Artémis. Elle agonise. Attends, je termine un truc…

— Pauvre bête…

— Elle a…

— Je sais, Marjo m'a raconté… Mais toi aussi, tu m'as l'air… »

Totalement ivre, Juliette s'écroula sur le stand de l'ostréiculteur, qui se renversa. Elle lui demanda mille fois pardon sur tous les tons et pour montrer sa bonne volonté acheta six douzaines d'huîtres, ce qui contribua quelque peu à le radoucir.

Sous l'emprise de l'alcool, elle venait d'écrire un SMS à son père : « Papa, j'm une femme et je t'm. Maman aussi. Votre fille pour tjs. »

Delphine l'escorta, chancelante, à l'intérieur du café. Son amie était malade, trop maigre, trop pâle, il fallait la remettre sur pied :

« Deux pastis », commanda-t-elle.

Le pastis, on n'en buvait pas dans sa famille. « Trop camping, une boisson congés payés », disait sa mère. Ce qui avait poussé Delphine à en boire dès l'âge de quinze ans en signe d'opposition politique, filiale et en soutien au prolétariat opprimé. Et, bien plus que le prolétariat, Delphine avait depuis noyé quelques centaines de fois ses chagrins comme ses succès dans le Ricard. Elle avait désormais une conception anisée des grands événements de l'existence.

« — Bon, maintenant que je t'ai sous la main, raconte-moi tout… »

Juliette s'enfila son pastis d'une traite, les yeux rivés sur son portable. Pourquoi son père ne lui répondait-il pas ?

« Ben, Bertrand…

— Non, toi, je me fous de Bertrand !

— C'est pas ce qu'on raconte.

— Mais qu'elle crève de froid, cette Messaline ! Bon, alors, je ne sais pas ce que Marjorie t'a raconté, mais c'est n'importe quoi. Et puis… »

Incapable de suivre les éructations vociférantes de Delphine, Juliette s'était endormie. Delphine en profita pour subtiliser son portable. Elle devait savoir ce que Marjorie avait dit.

Un texto :

« MDR. Chewbacca en hyperéros pour Bertrand. Lit médicalisé bien solide sur la mariage *list* ! »

45

M. Hacuho était consterné. Le sumo est un sport, un art du combat, mais c'est aussi une école du respect, une éthique.

Qu'Achille, si fluet, se soit rué sur Rodrigue, dix kilos de plus, le rouant de coups, l'agonisant d'insultes, le frappant de ses poings, était contraire à toutes les règles de l'art.

Achille, le fils de Marjorie, pleurait. M. Hacuho ne parvenait pas à comprendre ce qu'il tentait de dire.

« Il a traité ma mère de pute…

— Fallait pas traiter la mienne de Chewbacca.

— Allons, allons, les enfants… Achille, ta maman est très bien, même si tu n'as toujours pas ta tenue, mais bon, ta maman est très gentille quand même. Et toi, Rodrigue, ta maman n'est… quoi, déjà ?

— Chewbacca. C'est dans *Star Wars*…

— Ta Maman n'est pas ça. Elle est aussi très gentille. Alors vous allez vous excuser tous les deux…

— À qui ? »

Les fils d'Olivia découvrirent à cette occasion que Chewbacca s'appelait en réalité Delphine. Quant au mot « pute », ils se promirent de demander en rentrant de quoi il s'agissait…

Le cours reprit. Ces deux heures étaient interminables, mais, la représentante des parents d'élèves l'avait affirmé, « à raison d'une heure par semaine, on ne progresse pas. Ce sera deux heures ». Il restait encore vingt minutes avant la fin de la leçon.

46

Juliette dormait et Delphine, qui avait exploré l'ensemble de sa messagerie et connaissait tout de sa vie actuelle, la regardait avec affection. Une femme qui aime les femmes pourrait en comprendre une qui aime un vieux. Toutes deux étaient passées, bien que Delphine restât encore sur le seuil, de l'autre côté. De la normalité, des vacances entre couples d'amis, de maris conformes, des tristesses et désespoirs de bon aloi… Elle se sentait moins seule. Il fallait fêter ça !

« Deux pastis ! Juliette, réveille-toi ! Je suis comme toi ! »

Juliette ouvrit un œil et émit un grognement. S'appuya sur la table et se releva doucement. Regarda son portable. Toujours pas de réponse. Puis se rendormit. Elle n'était pas en mesure d'entendre l'étrange mathématique de Delphine selon laquelle, en amour une femme égale un vieux. Le pastis faisait effet sur Delphine. Elle avait envie de savoir comment tout avait commencé pour Juliette. Comment elle en avait parlé à Gaétan. Elle ne voulait pas faire les mêmes erreurs. Il était encore un peu tôt pour prévenir ses parents et avertir ses enfants, et Bertrand devait être le premier informé de ses sentiments. Mais elle, elle assumerait. Même ça, elle le ferait mieux que les autres.

À la télévision, on annonçait le suicide de Blandine Jamoux et l'on montrait, enfin, le visage du parricide. Deux députés, ensuite, se reprochaient mutuellement la vague de froid qui sévissait dans le quart nord-est du pays.

Delphine regarda cinq minutes les informations. Le monde ignorait ses métamorphoses et c'était mieux ainsi. Soulagée, elle se leva pour partir. Puis revint chercher son amie : elle ne pouvait décemment la laisser seule dans cet état.

47

Bertrand patientait dans la salle d'attente du vétérinaire. Il avait déposé Artémis sur la table d'examen. Le vétérinaire lui avait donné une blouse afin qu'il n'ait pas froid. Mélancolique, exténué, il laissait maintenant libre cours aux pensées que suscitaient ses rencontres récentes, opérant de nombreux allers-retours vers le distributeur de gel dont il s'imprégnait généreusement les mains et les poignets à chaque étape de sa réflexion.

Il avait passé sa fin d'après-midi avec des femmes en désordre. Belles en pagaille mais invivables. Ivres, échouées, courageuses, résignées ou révoltées, érotiques en ordre de bataille, mais si naïves… À rénover. Sa maison, il avait hâte de la rejoindre ce week-end. Leonora ne viendrait pas. Elle détestait cette baraque, ne comprenait pas son charme. Il irait seul. Il casserait la terre gelée à coups de pelle, il creuserait un trou au pied du sycomore et y jetterait Mirabelle. Mirabelle ! Ah, oui, dans sa parka. Non, il l'avait à la main dans son sac. Chez Marjorie ! Non, elle devait être dans sa parka. Penser à autre chose, vite... Les femmes, ah, les femmes. À rénover, donc.

Bertrand aimait les femmes et les maisons. Les deux étaient d'ailleurs étroitement liées dans son esprit. Il aimait se sentir propriétaire, entrer, pénétrer. Il aimait les architectures, les colonnes et les vertèbres, il aimait l'enduit et les peaux douces. La sueur de l'amour et celle du chantier. Il aimait parcourir les failles et les combler. Il aimait le travail bien fait et les relations entrepreneuriales. Elles étaient de plus en plus difficiles. Les femmes actuelles semblaient tout à fait séduites par l'auto-entreprise. Visiblement, les débuts dans le métier étaient laborieux : les effondrements succédaient aux bancalités en une ronde hystérique ininterrompue. Elles ne parvenaient à se décider ni pour un style, ni pour une couleur, ni pour un quelconque aménagement cohérent. Mais que faisaient-elles ?

Bertrand se plongea dans ses souvenirs. Chacune de ses épouses était associée à celui d'une bâtisse : celle qu'il avait achetée au moment de leur mariage, qu'il avait rénovée durant leurs années de vie commune (en une dynamique d'amour et de fuite) et puis finalement vendue au moment du divorce. L'association était d'autant plus forte que ses choix immobiliers avaient toujours été intimement influencés par l'identité de l'aimée. C'était bien là l'une des manifestations de sa délicatesse. Gentilhommière, chaumière paysanne, mas provençal, appartement haussmannien, demeure d'architecte, à chaque femme sa maison. Cette harmonieuse symbiose avait fini par altérer l'appréciation de Bertrand en matière de femmes : il avait tendance à tomber amoureux sur plans. Puis à vivre en chantier. Les atouts, les faiblesses, les fragilités, les charmes se traduisaient dans son esprit en caractères architecturaux.

48

18 h 45. Poser le pied sur ce quai. Reprendre forme. Laisser derrière soi le pavillon, le jardin propres. Trop. Ses parents. Ne plus être leur fille. Deux jours. Incroyablement longs à bouffer de la névrose. À s'en prendre des rasades. À contempler le papier peint de sa chambre. Elle l'avait choisi. Elle avait été différente. Elle mesurait le chemin parcouru. Mais l'avait-elle vraiment parcouru ? Elle avait loupé une étape. Le trajet. Elle était maintenant Mme Bertrand Thibault. Leonora Thibault (son vrai prénom était Nathalie). Elle ne savait pas vraiment qui était cette Mme Bertrand, mais elle savait ce qu'elle devait accomplir : organiser une vie agréable, vêtir son corps maigre d'habits sobres et modernes, faire marcher la machine Nespresso, inviter des amis, déguiser les enfants des autres, chercher des complicités, avoir des discussions éclairées avec les maris, se montrer rassurante pour les épouses, se révéler souple au sommier. Elle avait

de quoi être heureuse. Elle était douée pour l'exercice. Elle avait commencé jeune : son professeur de français en première tout d'abord. Un intellectuel. Elle en était toujours aussi fière. Elle l'avait suivi à Limoges. Elle avait connu les dimanches de province et les routes mouillées en hiver. Elle était partie du jour au lendemain. Arrivée à Paris, elle était passée d'hommes en hommes, pensant grappiller à chaque fois un peu de prestige, de savoir ou d'aisance. Bertrand était le père d'une amie. Elle la perdit. C'était sa seule amie.

Elle essayait de tenir bon, de continuer à jouer le rôle, à se convaincre que Bertrand était l'homme de sa vie, mais elle se perdait en route, croisait Nathalie, surprenait des moqueries, échouait à se faire aimer. Encombrée de superficialités, lestée de profondeurs en tout genre, elle se sentait sombrer.

Mais, pour l'instant, elle connaissait un court répit. Elle longeait le quai, se sentait légère, aimait son sac, son imper, ses chaussures, l'odeur de la gare, descendre du train, que cela soit si simple. Elle rentrerait à la maison, achèterait des fleurs. Elle avait dans un sac des légumes du jardin. Elle aimait l'idée de les cuisiner. Comme elle s'était laissé cuisiner, éplucher, aromatiser, épicer… vider.

C'était l'anniversaire de Bertrand.

Elle était partie chez ses parents pour éviter l'événement. Soixante-dix ans. Quand même. Le chiffre sentait la mort. Elle avait songé à le quitter. Elle lui devait beaucoup. Mais l'aimait-elle ? Bertrand, d'ailleurs, se demandait-elle, avait-il jamais été aimé ? À cette idée, elle avait décidé de rester un peu encore : peut-être qu'elle y parviendrait ? Elle attendait le déclic.

Elle allait l'aimer et fêter son anniversaire. Il ne le voulait pas. Coquetterie ridicule ! Et ce ne serait pas un brunch. Elle s'était enfermée dans le concept : l'heure qui n'en est pas une, la souplesse rigide du dispositif, le sucré-salé, le café, la tourte et l'œuf brouillé en ordre aléatoire. Ce serait un repas. À table. Les Thibault mangent à table. De la viande. Non, ce serait un buffet. La table et les chaises, c'en était trop. Il y aurait des saillies, des remarques. Le dispositif serait filmique. Partant dramatique. Elle allait organiser un « brunch de fin de journée ». Ce ne serait pas non plus un goûter dînatoire. Ce serait un dîner particulier. On mangerait à table sans s'asseoir. Le centre serait partout et la périphérie nulle part. Ce serait moderne et traditionnel, à l'image de Bertrand. Ce serait un hommage. Cette perspective la galvanisait. Elle n'avait maintenant plus qu'une hâte : organiser l'événement.

18 h 50. Elle rata le bus.

La belle euphorie avait disparu. La maussaderie avait repris le dessus. Le bus, ses sacs, pour aller où ? Jamais elle ne se sentait chez elle. Même ses amis n'étaient pas les siens. Marjorie, la pire, celle qui la fascinait le plus, se foutait de sa gueule à longueur de temps. Delphine avait de bonnes manières mais l'écrasait aux sens propre et figuré. Et puis ne venait jamais à ses brunchs. Avec Olivia, elles parlaient médocs, mais ne s'étaient jamais avoué l'une à l'autre pourquoi elles les prenaient. Et Juliette avait disparu. Toutes tournaient autour de Bertrand, toutes l'adoraient, le réclamaient. Mais elle ? Elles semblaient la tolérer. Pas plus. Elle les intriguait, c'était certain. Chacune avait la manie de tenir à ce qu'elle devienne la confidente de leur mari. Ce qu'elle faisait : de l'un après l'autre elle était tombée amoureuse. Elle savait tout d'eux, de leurs aspirations, leurs frustrations, elle connaissait leur vie sexuelle, leurs désirs, leurs hésitations. Avec aucun elle n'avait eu d'aventure et elle n'avait pas réussi à passer pour une menace aux yeux des épouses. Au contraire.

Elle prit un Tercian. Et se sentit incroyablement fatiguée. Combien de temps allait-elle tenir à n'être rien ? Elle monta dans le bus.

Elle organiserait un dernier repas. Anniversaire, rupture, à table, sur chaise ou pouf, ambulatoire ou assis. On verrait. Cette vision libéra ses larmes. Elle écrivit un texto-bristol :

« Chers tous et toutes ! Bertrand a soixante-dix ans aujourd'hui ! Fêtons ça, ce soir à la maison ! L'organise un petit repas ! Le vous attends vers 19 heures ! Biz ! PS : B. n'est pas au courant ! »

49

Encore un texto ! Delphine ne supportait plus les railleries de Marjorie. Oui, le message de Leonora comptait un nombre record de points d'exclamation. Et alors ? L'enthousiasme n'était pas un crime ! ! ! ! ! ! ! ! ! ! Certes, « tous et toutes » était étrange. Vraisemblablement calqué sur « Françaises et Français ». Le « le » à la place du « je » était habituel mais il fallait convenir que pour Leonora cela tombait psychanalytiquement bien. Delphine n'eut pas le temps de parcourir plus en détail l'œuvre exégétique de Marjorie, Juliette était encore tombée par terre. Les huîtres plaquées entre bras et Barbour, le téléphone à la main, Juliette par terre, Mirabelle au coude, cela devenait difficile.

Le bus s'arrêta, Leonora en descendit.

Delphine l'aperçut. Puis s'assombrit. Posa les huîtres. Laissa Juliette à terre.

Leonora. Elle en était maintenant jalouse. Terriblement. Elle jalousait sa peau à fleur d'os, son élégance élancée, ses légumes dans son sac, son déhanché capillaire, l'austérité tape-à-l'œil de sa garde-robe, son *Libé* bien plié. Sa bêtise obstinée. Sa folie affleurante. Et ses droits sur Bertrand.

Ses devoirs aussi.

Leonora myope et sans lunettes ne les vit pas tout de suite. Quand elle les découvrit enfin, son visage se lissa, son visage d'épouse parfaite refit surface.

« Vous venez, bien sûr ?

— Bien sûr. Bien sûr…

— Ça va ? Tu as l'air bizarre ? Mais c'est le Barbour de Ber !

— On te racontera. Aide-moi, là… Juliette est ivre morte, les huîtres, ce sera pour ce soir, Mirabelle est dans ce sac, et Bertrand est chez le véto avec Artémis qui est passée à travers une vitre. Sinon, tout va bien… »

Delphine se forçait à peine à être aimable.

« On va s'occuper de Juliette… Flûte alors, c'est dingue ce qu'elle a minci, dis donc, quand tu penses à avant, enfin, pardon, je suis indélicate… bon, on va chez moi. Tu vas me raconter tout ça. »

Mais Juliette était trop lourde à transporter, l'ivresse la rivait au sol. Elles la laissèrent sur une chaise du stand d'huîtres, merveille polychrome aux essences éthyliques variées sur fond de vomi entêtant. L'écailler la surveillait du coin de l'œil : se retournant dans son sommeil, Juliette avait tourneboulé sa jupe et laissait voir au professionnel du coquillage la longueur de ses jambes et la beauté de ses intimités.

50

Bertrand avait du mal à supporter la vue d'une tortue à moitié décomposée à côté de lui. Le chat à trois pattes en face le déprimait. Aurait-il le courage de continuer son œuvre ? De commencer de nouveaux chantiers ? Les matériaux modernes étaient indociles. Mais il fallait y croire, sinon c'était la mort. Et les femmes couraient à leur perte. Il fallait essayer. Une femme, une maison, un chantier.

Marjorie ? Sa vieille longère normande ne manquait assurément pas de charme, mais son état de ruine était par trop avancé. Des fondations à la toiture, tout menaçait de s'écrouler, tout était à reprendre. Il aurait fallu une énergie folle et de gros moyens pour venir à bout d'une telle restauration. Et la propriétaire n'avait de toute façon aucun projet sérieux en tête. Chacune de ses décisions était immédiatement anéantie par la suivante, toutes motivées par des choix contradictoires. Une solide assise familiale aurait pu remédier à ces déficiences, mais les propres parents de

Marjorie s'étaient épuisés dans de tels combats et n'avaient réussi qu'à fournir du lino façon tomette à leur fille. Qu'elle avait recouvert ensuite de dalles authentiques. Le froid et les fuites les avaient fendues et le lino mort réapparaissait brouillé à la Dorian Gray. Ici gît Marjorie, méchante et seule. Mais drôle. Rénover Marjorie : trop risqué. Bien trop risqué. Rien ne tenait. À coup sûr il se prendrait un truc sur la gueule. Et puis encore aurait-il fallu qu'elle en ait envie !

Quelques minutes auparavant, il n'avait pu s'empêcher de faire remarquer à Juliette que sa barrette à plumes n'était pas sans faire penser à une cigogne trônant au sommet d'une cheminée alsacienne. Une cheminée alsacienne qu'elle aurait par ailleurs peinte en rouge, tout comme les colombages et le torchis de ses façades, rénovation bien audacieuse qu'un architecte des Bâtiments de France n'aurait cependant pas manqué d'approuver dans la mesure où elle renouait avec la tradition. Sa fantaisie affichée ne l'avait finalement conduite à rien d'autre qu'à un salutaire retour aux origines, qui pouvait être considéré, en changeant d'angle, ce que Bertrand faisait sans difficulté, comme un renouement heureux avec l'enfance. Mais une autre avait hérité du chantier… Et il n'était pas tout à fait terminé. Restait à obtenir l'agrément de la famille, Monument de France sans lequel Juliette ne pourrait jamais totalement jouir de sa renaissance.

Olivia : difficile pour Olivia… Une maison en ruines ? Une maison inachevée ? Les fondations, les murs, la toiture, tout était en place, mais tout paraissait dévasté. Les pierres, d'une belle qualité, étaient assemblées dans de remarquables appareillages, mais des trous béants perçaient ici et là les murs qu'elles formaient. Du lierre avait gagné la façade principale que l'on ne faisait plus qu'entrapercevoir. La bâtisse étouffait. Des squatteurs en avaient peut-être pris possession, ne se souciant aucunement de l'entretenir. Bertrand en était désolé. Selon un certain angle, avec une certaine lumière, elle pouvait incarner le charme romantique. S'approcher, c'était prendre le risque de le rompre. Tout cela n'était pas dans le domaine de compétence de Bertrand : il était un rénovateur de contact.

Delphine ? Une solide bâtisse médiévale, une authentique maison forte, élevée pour repousser les attaques, supporter les sièges. Ses propriétaires actuels avaient entrepris d'en faire une demeure d'agrément. Ils avaient ordonné le remblaiement des douves, où ils escomptaient aménager un splendide jardin à l'anglaise, le percement de grandes ouvertures dans les façades principales, une redistribution des espaces intérieurs, avec notamment un audacieux projet d'aménagement des combles qui devait conduire à une amélioration sensible des conditions de vie de ses occupants trop injustement négligées jusqu'alors. Le chantier se trouvait dans une phase chaotique, mais Bertrand ne doutait pas des capacités du maître d'œuvre. Rénover Delphine…

51

Delphine était pressée de découvrir les appartements de l'homme qui occupait toutes ses pensées. Elle n'appartenait pas au cercle des brunchers. Son mari, confit dans les traditions aristocratiques de la famille, aimait, au sortir de la messe, manger gigot et flageolets, bœuf et carottes, viande et légumes en ordre historique, pour terminer par les amandines dominicales achetées à la boulangerie. Il aimait prendre un café avec Bertrand et l'écouter raconter sa vie tout à fait rocambolesque. Il se plaisait aussi à partager un thé avec Leonora et entendre la terrible description d'un pavillon de province (il ne connaissait que les pavillons de chasse). Mais cette sociabilité interlope du dimanche, il n'en voulait pas. Quant à Delphine, elle n'avait jamais voulu suivre Leonora chez elle par peur de périr d'ennui. Et suivre Bertrand lui aurait semblé inconvenant, presque compromettant.

« Attends… Attends avant d'ouvrir, je t'en prie…

— Que veux-tu que j'attende ? » dit Leonora en enfonçant la clef dans la serrure avec détermination.

Delphine éprouvait le besoin de se recueillir. De faire le vide en elle. Elle entrait chez l'être aimé. Car, elle en était de nouveau persuadée, elle l'aimait. Comme elle n'avait jamais aimé. La parka de Bertrand. Son univers maintenant. Son corps, un jour ?

Leonora poussait des cris : Bertrand avait laissé un bordel infini. Les poils de chien roulés dans des quittances, les boîtes de pizza au chevet de la poubelle Brabantia dégeulante, une odeur de bouffe canine, les journaux en pagaille (ce vieux salaud avait profité de son absence pour acheter *Le Figaro*), des romans posés grands ouverts, des romans, des romans, des filtres de vingt marques de clopes différentes ornées de sept rouges à lèvres divers (elle vida la poubelle par terre, alla regarder dans les chiottes, inspecta les draps, pas de capotes, de taches, de poils, ni d'emballage, ouf, ce serait un sujet de conflit en moins !). De toute évidence, son retour serait une surprise !

Delphine entra lentement. Ferma les yeux. Sentit les odeurs de poubelle, de chien. Se sentit bien. Les ouvrit : la face cachée de Bertrand. Crasse et désordre. Chaos et abandon. Lui, son tendre lui.

Elle se mouvait lentement. Touchait les goulots, caressait les journaux, prit son flacon de parfum, le sentit. Elle retrouva la fragrance dans tout l'appartement, à des degrés de concentration différents d'un endroit à l'autre, qui révélaient son taux d'occupation des lieux. Les yeux de nouveau fermés, le nez au vent, Delphine suivait sa trace. Elle cherchait à reconstituer ses faits et gestes des dernières heures, à dresser une carte de ses habitudes. Elle mettait ses pas dans les siens, mêlait ses empreintes aux siennes. Arrivée dans sa chambre, elle s'étendit sur son lit défait. Son émotion était à son comble, elle était au bord de l'évanouissement.

Leonora, pendant ce temps, passait de la rage à la plainte, fulminante. Tu parles d'un anniversaire ! Elle n'aurait jamais le temps de tout ranger. Elle ne comprenait que trop bien Delphine qui semblait si consternée qu'elle était étendue à plat ventre sur le lit, la tête dans l'oreiller, les deux mains agrippées aux rebords de la taie. Elle ne devait pas être le genre de femme à tolérer ça. Dans son milieu, pensait Leonora, des armées de domestiques se devaient de camoufler de tels désordres. Pauvre Delphine, elle ne semblait pas supporter le choc : son corps tremblait, d'étranges mouvements l'agitaient. Quelle belle âme ! Si délicate et sensible, anéantie par la porcherie de son mari.

« Delphine, Delphine, allez, ce n'est pas si grave. Je vais annuler… Tu sais, ce n'est jamais comme ça à la maison… »

Interrompue alors qu'elle s'imaginait, torride, dans les bras de Bertrand, Delphine tâcha de répondre :

« Oh mais ce sera un plaisir !

— De quoi ?

— Eh bien, de t'aider à ranger. C'est trois fois rien. Allez, on s'y met ! »

Delphine, souhaitant faire diversion, se montra d'un volontarisme ménager exceptionnel. Elle jeta par terre la parka, retira une partie de ses vêtements cuits à l'étouffée sous le Barbour, releva ses cheveux et ses manches.

« Alonzi, Alonzo ! »

Cela faisait vingt ans qu'elle n'avait pas employé cette expression débile ! Tout était possible.

« Sus à la crasse ! » rétorqua Leonora qui souhaitait parler l'héraldique.

Elles lavèrent sans relâche, descendirent neuf poubelles (prendre l'ascenseur, a fortiori celui de Bertrand, était chaque fois pour Delphine l'occasion de s'assurer de l'acuité de son désir), aspirèrent et rangèrent. Leonora fit deux machines et Delphine vola un slip. Par chance, bien plié, il tenait dans le sac shopping Longchamp dont elle ne se séparait pas. Elle rit d'elle-même. Midinette version Éminence… À la radio, on annonçait que Blandine Jamoux, les tests ADN étaient formels, n'était pas la mère des nouveau-nés. Le mystère s'épaississait.

« Juliette ! On a oublié Juliette ! hurla Delphine, je fonce la chercher ! »

Elle passa pour la trentième fois devant Mirabelle et les huîtres abandonnées sur le palier, sans les remarquer, sortit dans le froid, en jupe et pull, sans manteau. Dehors, une nouvelle averse l'accueillit. Mais elle n'aurait plus jamais froid. Un véritable incendie la consumait de l'intérieur. Il lui semblait brûler sans flammes. Elle l'aimait. Elle avait touché de son corps son lit, ses draps, ses vêtements…

52

Dans la salle d'attente, Bertrand continuait ses analogies. Il préférait ne pas penser aux dangers que courait Artémis.

Pas de doute, pour Sabine, une évidence… Une splendide maison d'architecte, beaux matériaux, superbes volumes, circulation et luminosité idéales, économies d'énergie… Le dernier-cri en toutes choses, jusqu'aux baies vitrées constamment immaculées grâce à leur système autonettoyant intégré. Rien à faire… La perfection. Offerte. L'ennui, aussi. Pas la moindre perspective de s'échapper chez Casto ou Leroy Merlin pour aller acheter un joint de robinetterie, un sac de mortier ou une petite truelle. Il fallait se rendre à l'évidence, là aussi il était totalement inutile.

Hormis Sabine, il pourrait quand même leur faire tant de bien, à toutes ces femmes…

Il en avait déjà tant fait. Il leur en faisait encore, mais ne le savait pas.

Mais Leonora…

Une barre des années soixante-dix, cette Leonora. Un truc qui vous bouche la vue, vous pourrit la vie quand vous êtes condamné à évoluer sous son ombre ! Une immense fatigue s'emparait de Bertrand. Leonora était une impasse. Il n'y arriverait jamais.

Si seulement le vétérinaire pouvait s'en occuper…

53

« J'ha-llu-ci-ne ! Personne ne peut passer par la porte ! La porte, le *big* rectangle là, *you see* ! Tu repasseras. Je vais chercher Achille au sumo, et la prochaine fois, sonne, s'il te plaît. »

Visiblement, Marjorie ne supportait plus que l'on s'en prenne à ses fenêtres. Olivia s'était pourtant contentée de frapper doucement au carreau.

« Ça va, ça va ! Du calme ! Je vais aussi au sumo, je dois récupérer les enfants de Delphine. C'est quoi, ce SMS que tu m'as envoyé ? Elle est vraiment amoureuse de Bertrand ?

— Amoureuse ? Delphine… Elle veut se le taper…

— Bertrand, quelle horreur !

— Toi, de toute façon, c'est se taper quelqu'un qui est l'*horror picture show* ! T'as vu qu'on dit que Blandine Jamoux était sans doute vierge ? Rapport du médecin légal.

— Je ne vois pas le rapport.

— Bon, alors, dis-moi tout. Qui te fait tripper ?

— Je sais pas !

— Ben, cherche, dis au pif.

— Euh... tu me prends au dépourvu... Je ne sais pas. Domenech, Strauss-Kahn, Houellebecq ?

— Au-se-cours !

— Je t'ai dit que je n'avais pas eu le temps de réfléchir.

— *Funny girl*... Tu devrais dire Jude Law, Romain Duris... Ça, c'est de notre âge.

— Oui, sans doute, mais c'est comme ça, ces types ne me font rien... Les autres non plus, d'ailleurs.

— Vous êtes démentes...

— Et toi, Marjo, tu es seule...

— C'est mieux que mal accompagnée... »

Les deux femmes restèrent silencieuses un moment.

« Delphine a laissé un sac, non ?

— Ouais, tiens, c'est quoi ?

— Des habits pour ses enfants : je les prends chez moi ce soir, elle ne se sentait pas de les garder.

— Elle se sent surtout en mode *over* Beber... Encore une qu'a pas tué le père ! C'est pourtant grave *fashion*...

— Le monde est fou...

— T'inquiète, ça va pas être pour cette nuit. Tu viens ?

— Je suis embêtée vis-à-vis de Pierre. Si je t'accompagne, il va se retrouver tout seul avec les mômes de Delphine...

— Allez, viens… Ça va être trop drôle.

— Ça suffit… Enfin, oui, je vais essayer de venir… Je suis quand même emmerdée vis-à-vis de Pierre… Il s'attend à une soirée en amoureux et il se tape deux gosses horribles à garder tout seul.

— Il les violera, ça compensera.

— Marjo ! Tu te rends compte de ce que tu dis. C'est mon mari, quand même.

— Allez, fais pas la gueule. Ça te fera du bien de sortir.

— Bon, je te laisse. Je vais demander à Pierre d'aller chercher les enfants au sumo. Tu lui donneras le sac ? Grouille-toi, il est cinquante-sept ! »

54

Olivia avait invité Bertrand. Elle allait devoir décommander pour aller chez lui. Elle avait accepté de s'occuper des enfants de Delphine pour ne pas avoir à coucher avec un homme qu'elle aimait sans doute. Elle allait téléphoner pour lui annoncer qu'elle sortait ce soir, seule, puis qu'il devrait garder des enfants qui n'étaient pas les siens. Olivia exagérait et le savait. Ce n'était pas une déclaration de guerre. C'était pire… Une désaffection. Une fuite. Une disparition. Ça allait trop loin.

Elle ralluma son portable. Trois messages de Pierre. Elle les effaça sans les lire. Elle appela sa belle-mère pour lui dire que Pierre irait en fin de compte chercher les enfants et qu'elle les lui confierait un autre soir. Avec Pierre, elle pourrait se forcer. Renoncer à la soirée de Leonora : elle s'y sentirait mal, de toute façon. Bertrand ne lui apportait rien. Elle l'aimait beaucoup mais elle ne sentait que trop bien la place que tenait le sexe dans sa vie. Elle reniflait les ardeurs, les frustrations, les désirs mieux que quiconque. En guérirait-elle ? Un autre que Pierre ? Peut-être. Elle avait toujours compté sur le suivant, mais le dégoût ne tardait pas à venir. La sexualité était un monde parallèle qu'elle ne parvenait pas à cerner. Où l'on n'était plus tout à fait soi, où l'on se mettait à désirer, sécréter, gémir, trembler, tout en se ressemblant beaucoup trop pour ne pas y être pour quelque chose. La honte la tenait. Son corps lui pesait. Elle fixait son reflet dans l'une des fenêtres de Marjorie : allait-il lui révéler quelque chose ? Lui intimer quelque ordre ? Non, rien à faire. Pourtant, ce n'était pas mort. C'était un long hiver de mélancolie auquel elle avait pris goût. Elle ne revendiquait rien, pas même d'avancer. Les médicaments étaient là pour l'aider.

Alors, pourquoi aller chez Bertrand à la gentillesse désirante, aux érections sentimentales ? Elle irait parce que cela resterait malgré tout plus simple que d'affronter Pierre.

Elle l'appela. Il était déjà à la maison. Elle lui expliqua. Il eut du mal à comprendre comment elle pouvait passer une soirée entre filles avec Bertrand. Mais il se résigna à courir chercher les enfants au sumo et à passer la soirée avec eux ainsi qu'avec ceux de Delphine… Il en profiterait pour les civiliser un peu. Et puis Olivia finirait par rentrer…

En attendant, celle-ci avait plus d'une heure à tuer avant d'aller chez Bertrand. Elle en profita pour passer chez son médecin : il lui fallait une nouvelle ordonnance.

55

« Votre chien va s'en sortir. Il a encore vomi. Du Lexomil. Du Lexomil ! Vous vous rendez compte ? Vous lui en avez administré ?

— Bien sûr que non, je ne comprends pas…

— Un chien ne mange pas du Lexomil comme ça, monsieur Thibaut !

— Moi-même, je n'en ai pas. Je ne comprends vraiment pas… »

Bertrand était décontenancé. On l'accusait d'avoir voulu tuer sa chienne. Si le vétérinaire apprenait la mort de Mirabelle, il était cuit.

« Cherchez, monsieur Thibaut, cherchez…

— Je ne vois toujours pas… Mon épouse n'en prend pas. Pas assez fort pour elle…

— Ce serait votre petit-fils, il serait mort…

— Puisque je vous dis que je ne comprends pas… »

« Petit-fils. » Pourquoi pas fils ?

Il était vieux. Un peu moins humain, et ce salaud de véto le piquait.

Deux tintements, deux textos. Delphine décommandait. Olivia décommandait. Mort, solitude et accusations de meurtre. Déchéance. C'était le déclic sans doute. Il avait attendu ce moment. Il avait imaginé une attaque cérébrale. Une panne sexuelle. Un filet de bave. Cela aurait été trop simple. Il avait fallu que cela arrive chez un vétérinaire, vêtu d'une blouse ridicule : animal triste. Le signe était arrivé. Bertrand renonça à lutter et à se disculper.

« Rendez-moi ma chienne. »

Il s'était mis à pleurer. Des années que cela ne lui était pas arrivé. De grosses larmes sans sanglots.

« Je ne sais pas… Je vais la garder un peu. Je vois de toute manière votre épouse lundi pour le cochon d'Inde. Elle m'a dit qu'il ne lui semblait pas très en forme. Ça va mieux ?

— Rendez-moi ma chienne… Je vous en prie. »

Le vétérinaire comprit la détresse de Bertrand. Il avait euthanasié un suricate une heure auparavant et avait trouvé dans son regard un abîme équivalent. Il conduisit Bertrand dans son cabinet.

56

« Je suis déçu. Surtout, je ne comprends pas. Faudrait qu'on trouve le temps de parler. Mais tu as toujours l'air de fuir. Je t'aime, Olivia. »

La mère de Pierre, de retour chez elle, désolée de ne pas avoir ses petits-enfants pour la soirée et de devoir subir la mauvaise humeur alcoolisée de Jacques, ne savait que faire. Devait-elle avertir Pierre qu'il s'était trompé d'expéditeur ? Son fils allait avoir quarante ans et semblait démuni. Mercredi prochain, elle lui préparerait du foie de veau et tenterait de parler avec lui. Sincèrement. En attendant, elle alluma la télévision où un psychanalyste débattait avec un prêtre de l'affaire Jamoux. Le premier affirmait doctement que le désir de grossesse pouvait être si puissant chez une femme qu'il n'était pas du tout impossible qu'une dame se retrouve enceinte, sans rapport sexuel, d'un enfant qui n'était pas le sien, et que pour le comprendre il fallait dépasser le prosaïsme biologisant de l'immense majorité du corps médical. Le prêtre ne voyait pas, lui, dans le suicide de Mme Jamoux la revendication d'une culpabilité, *id est* d'une maternité, mais les sinistres conséquences du tout-sexuel et de l'opprobre qui touche la belle valeur de virginité. Quand le journaliste tenta de revenir à l'essentiel – cette femme ne pouvait pas être la mère de ces nouveau-nés –, les deux hommes de l'art s'indignèrent de ces réflexions dignes de la télévision poubelle la plus ignorante et sommaire.

57

Juliette n'était plus là où Delphine l'avait laissée. Était-elle morte ? Morte de froid ? Non, elle l'aperçut endormie dans le café. Même ainsi, enivrée, elle était belle. Elle avait tout quitté. Contre tous. Sans agressivité, contrairement à Marjorie qui avait rebattu le quartier de sa sexualité hyperprotéinée, ses week-ends à quatre pattes, son *revival* vaginal, pour finir frigorifiée dans son appartement sans lumière. Aurait-elle le même courage ?

Delphine avait envie de fuir. Elle allait pleurer. Elle aurait voulu laisser Juliette ici, récupérer ses enfants, rentrer chez elle. Ses enfants, sa famille... Plus que tout, elle redoutait la souffrance. La sienne, mais aussi celle de son mari, de ses enfants. Ses fils qui la traitaient gentiment de grosse dinde. Son mari qui partait sans cesse en voyage. Son appartement impersonnel à trop vouloir éteindre les feux. Elle n'avait pas le courage de Marjorie. Était-ce d'ailleurs du courage ? Ou bien de l'inconstance et de l'égocentrisme ? Delphine se demandait de quel droit elle pouvait prendre de tels risques. Tout casser, faire pleurer, décevoir. La bonne Delphine. Delphine hommasse. Chewbacca pouvait-il rompre les serments solennels du mariage ?

Quelque chose était survenu. En trois heures, son corps et son cœur s'étaient réorganisés. Elle s'était sentie belle. Elle avait désiré. Pourquoi aujourd'hui ? Peut-être pas demain. Si, il faudrait que ce soit ainsi tous les jours.

Elle alla réveiller Juliette.

58

Marjorie le répétait, elle n'aimait pas les enfants. Bien sûr, elle aimait Achille, mais c'était un heureux hasard. Elle aurait très bien pu ne pas l'aimer. L'amour maternel, connerie. Achille était beau, étonnant, génial, attendrissant, elle l'aimait donc. Quand il dévorait ses tartines dans la cuisine en lui racontant le cours de sumo. Quand il faisait sa lecture. Quand il écrivait son prénom au crayon HB et cassait la mine. Quand il parlait de sa propre mort. Quand il chantait une berceuse à son cochon d'Inde. Quand il se lavait les dents. Elle l'aimait à raison, disait-elle. Sans attendrissement excessif, ajoutait-elle, s'empressant de le décrire endormi sur le canapé sous un plaid, ses petits pieds dépassant de la couverture. Depuis qu'elle s'était séparée de son père, elle souffrait : elle se sentait mère à moitié. Elle en avait profité : sorties, alcool, sexe adolescent, horaires décadents. À moitié mère. Amputée. Le retrouver, le quitter. C'était insupportable. C'était son fils, quand même. C'était le sien.

Oui, le père. Nécessaire. Mais la mère, bordel ! Putain, elle devait jouer le jeu. Son propre jeu : un père, une mère. Soyons modernes : une semaine chacun. Admirons-nous dans les normes actuelles. Mon fils ! Mais c'est mon fils !

Achille allait partir. Revenu du sumo, il attendait son père. Marjorie lui caressait amoureusement les cheveux, les yeux rivés sur l'horloge, redoutant l'heure du départ. Elle avait vu Olivia, ses enfants et les enfants de Delphine. Tous dans leurs vêtements remis en désordre : l'un avait oublié ses chaussettes, l'autre avait son pull à l'envers. Ils avaient leur mère à temps plein. L'une fantasmait, l'autre se shootait. Et tous les enfants fatigués par l'hiver gardaient leur envie de Nutella, leurs tristesses dans la nuit, leurs rires en cascade, leurs collections et leurs peluches. Ils allaient bien. Ils avançaient. Ils couraient, s'écorchaient puis grimpaient sur les murets. Ils étaient beaux, même un peu édentés, propulsés dans la vie. Plus tard, certains assassineraient leurs parents, ou leurs bébés. Pas tous. Pas tous. Mais lesquels ? Pour l'instant, leurs mères se débattaient. Plus rien ne les poussait ; elles avaient compté sur la maternité, sur leur travail. C'était d'une naïveté consternante. Contrairement à ce qu'on pouvait lire dans les blogs familiaux, la vie ne se résumait pas à une accumulation de sorties en forêt, de moments à deux, d'activités culturelles et de tartes du dimanche soir. La vie, elles cherchaient toutes à en retrouver la saveur. Bertrand, qui pourtant la sentait s'enfuir, leur en avait redonné le goût. Il leur avait aussi redonné en contrebande le sens des valeurs : l'amour, l'accomplissement, le désir, la liberté.

L'interphone sonna. Marjorie fut soulagée qu'on se remette à sonner. C'était Cédric qui venait chercher Achille. Elle lui mit son manteau et son cartable. Ouvrit la porte. Le laissa partir seul. Dix mètres. Puis une autre vie. Elle referma la porte. S'assit sur le canapé. Son fils n'avait pas remarqué la disparition d'Hector.

Elle n'arrivait même pas à pleurer.

59

Juliette est assise dans le canapé, entre son père et sa mère. Tout dans son corps révèle un état d'extrême tension. Personne ne semble prêter attention à Gaétan faisant l'amour avec Chloé qui la regarde.

Le père de Juliette finit par commenter : « Tu vois que vous êtes normales, tu y vas maintenant. » Juliette ne sait que faire. Il y a ses parents, il y a Chloé. Elle est gênée. Mais il faut le faire. C'est son mari, après tout. Tout va « rentrer dans l'ordre ». Elle veut demander à tout le monde de quitter la pièce mais sa voix ne sort pas. Son mari. Il ne faut pas faire de chichis. Elle a toujours été courageuse. Chloé a disparu mais son parfum flotte dans la pièce. Sa mère lui enlève sa robe avec autorité. Elle s'avance vers Gaétan. S'allonge sur le sol. Il se penche vers elle. Ce n'est plus son époux mais Bertrand. Il lui prend la main. Il est nu. Il lui glisse à l'oreille : « Je vais vous sauver, ce sera ma dernière mission. »

Ils montent sur deux vélos. « Pédalez, pédalez, Juliette », crie-t-il. Ils sortent par la fenêtre et s'élancent dans les airs. Le vélo grimpe, grimpe toujours plus haut, à une vitesse vertigineuse. Lorsqu'ils sont arrivés à une certaine altitude et à un bon rythme de croisière, Bertrand ralentit pour que Juliette puisse le rejoindre et s'installer à sa hauteur.

« Regardez là-bas, ce sont les cuestas du Bassin parisien. On les distingue très nettement à cette hauteur. C'est remarquable. J'adore venir me promener par ici lorsque je suis triste, quand je pense à Maman ou que je suis simplement tendu.

— Oui, vous avez raison, c'est remarquable. Ce type de relief est lié à la nature calcaire de la roche, n'est-ce pas ? Je ne me souviens plus très bien. »

Et Bertrand entreprend de réexpliquer la formation du Bassin parisien et les spécificités du relief karstique. Le karst, les combes et l'anticlinal. Juliette ne se souvient plus de rien. L'angoisse monte. Synclinal ? Juvénal ? Quirinal ? Les collines de Rome. Un, deux, trois, Esquilin, Aventin, six, sept. Viminal ? Merde. Elle tombe, pédale. Elle va s'écraser et ne voit plus Bertrand.

Juliette releva la tête. Elle était trempée, sale, sentait l'alcool et le vomi. Ses bas étaient noirs de crasse. En face d'elle, Delphine tâchait de la réveiller.

« Juliette, on est attendues chez Bertrand ce soir. Va te laver en vitesse et viens vite. Allez, lève-toi. »

Juliette consulta son portable. Des textos de Leonora, de Marjorie. Rien de son père. Ça y est, il était définitivement fâché. Le conseil de famille devait se réunir. Qu'est-ce qui lui avait pris ? Elle enleva ses hauts talons, les prit à la main et se leva. Elle ne savait pas où aller. Elle n'avait pas le temps de rentrer chez elle pour se laver. Elle était bien obligée d'aller à cette fête. Delphine l'emmena chez elle.

60

Le vétérinaire parlait lentement :

« Artémis a ingéré une très forte dose de benzodiazépine, qui a entraîné, après un épisode de surexcitation que je ne m'explique pas, une dépression respiratoire, et finalement un coma léthargique assorti d'un ralentissement de toutes ses fonctions vitales. Son cœur battant très lentement, ses organes, et notamment son cerveau, ont été mal irrigués. Je pense qu'elle devrait récupérer, mais je ne peux pas exclure l'hypothèse d'une altération de ses capacités intellectuelles et cérébrales. Je lui ai fait une piqûre d'Anéxate, un antidote qui annule les effets sédatifs dont souffre son système nerveux central. Son rythme cardiaque et sa circulation sanguine sont déjà repartis. Mais cela ne préjuge en rien d'un total rétablissement. Je vais vous la rendre et vous confier deux seringues de ce même produit. Si Artémis était reprise d'insuffisance respiratoire, injectez-lui-en une. C'est très simple, vous lui pincez la peau, vous piquez et vous injectez. Cela dit, je ne pense pas que vous en ayez besoin. Elle devrait dormir tranquillement jusqu'à demain. L'Anéxate a parfois quelques effets secondaires. Artémis pourrait être un peu angoissée, apeurée, et donc agressive. Ne vous inquiétez pas. Là encore, un peu de patience et tout rentrera dans l'ordre. Du moins, je l'espère… La prochaine fois, monsieur Thibaut, soyez plus vigilant… Du Lexomil… La pauvre avait même avalé un bout du carton d'emballage… C'est comme ça que j'ai su… On n'est pas dans *Les Experts,* monsieur… Vous croyiez à des prélèvements, sans doute. Je n'ai pas que ça à faire. Pauvre chien, victime des névroses humaines… Vous pouvez garder la blouse. »

Un nouveau texto. Leonora l'attendait à la maison. Tête-à-tête, avait-elle écrit. Soixante-dix ans. Fêter ainsi son anniversaire. Sans sa mère, morte, sans son père, disparu, sans son frère aîné, mort, tous les témoins de sa naissance étaient morts. Était-il né ? Il avançait dans le froid, la blouse se remplissait d'air glacé, Artémis calée sur l'épaule. Il s'arrêta, posa Artémis par terre, sortit les deux seringues et se les injecta dans la cuisse.

61

Mirabelle-Hector se réveilla. La lumière du couloir s'éteignait puis se rallumait. Les huîtres, à côté, s'ouvraient lentement puis se refermaient brusquement à la moindre secousse sur le sol. Elles n'étaient pas toutes mortes, loin de là.

La nouvelle Mirabelle découvrait avec plaisir les joies d'une chaleur constante. L'appartement de Marjorie avait été une torture. Elle découvrait aussi les délices de la solitude : l'affection d'Achille était un supplice. Les caresses à rebrousse-poil, les courses-poursuites, les surnoms mignons. Elle n'avait pas l'âme domestique. Elle se sentait bien.

62

Delphine avait fait couler un bain à Juliette. C'était à pleurer de gentillesse. Bien sûr, elle lui avait recommandé de ne pas mettre de l'eau partout, de faire attention au joint de la baignoire, mais elle lui avait fait couler le bain, avait vérifié la température, avait sorti une serviette propre et un gant. L'attention de Delphine consolait Juliette. Elle ne parvenait pas tout à fait à sortir de son rêve. Le portable, sur le rebord de la baignoire, restait muet. Les mains mouillées, Juliette vérifiait ses messages. Rien. Il faut dire que, après avoir fait la morte plusieurs semaines, c'était prévisible. Elle ne s'était occupée que d'elle. C'était égoïste. Elle ne s'était souciée de personne. Pas d'Olivia, par exemple. Elle lui envoya un texto : « Suis toute contente de te voir ce soir, pardon pour mon silence. » À Marjorie, elle n'enverrait rien. Trop peste. Elle ne méritait pas la moindre attention. Elle ne semblait pas savoir encore pour Chloé.

Après, ce serait terrible. Les blagues sur les gouines, elle les entendait déjà. Elle-même aurait pu en rire. Après tout, c'était assez drôle. Elle n'avait rien vu venir. Les autres non plus. Delphine, qui, au moment présent, la matait dans le reflet de la glace, aurait fait sans doute une meilleure lesbienne qu'elle. Elle aurait été terriblement crédible, à la limite de la caricature. Elle s'était lancée dans une autre aventure. Bertrand, quand même, avait bien pris la nouvelle. Il avait semblé perplexe, mais qui ne l'aurait pas été ? Il avait tenté de s'intéresser... Il allait falloir le dire à Olivia. Ce serait le plus difficile. C'était délicat de lui parler de choses aussi intimes. Expliquer qu'elle était tombée amoureuse sans prévenir. Qu'elle aimait toujours Gaétan mais que ce n'était pas la même chose. Elle aimait Chloé. Olivia écouterait, triste, gentille, comme si elle était déjà loin, très loin. Comme si tout cela ne la concernait pas. Elle ne condamnerait pas non plus. Bien sûr, l'une d'entre elles, ou alors Bertrand, se lancerait dans l'étiologie du phénomène. « Est-ce que, déjà, quand tu étais petite, les femmes... », « Gaétan n'était-il pas un peu féminin ? », « C'est étrange parce que tu n'es pas si masculine que ça... », « Je t'ai déjà attirée, moi, par exemple ? », « On pourrait finir ensemble, au cas où, je nous verrais bien avec tous nos mômes dans un grand appart. »

Juliette plongea la tête sous l'eau. Elle aimait Chloé. Mais elle ne savait pas si elle était lesbienne. Ce soir, il allait falloir affronter tout le monde et son père ne lui répondait pas. Elle sortit de la baignoire. Elle surprit Delphine les yeux dans le vague dans le canapé du salon. Elle aussi, maintenant, semblait savoir ce qu'aimer veut dire. Il était 19 h 50.

63

« Mais si nous sommes en retard, pourquoi tu passes par là ?

— Je ne voudrais pas faire un esclandre chez Bertrand, mais là, Marjorie a dépassé les bornes. Elle va découvrir mon côté Wokie…

— Tu veux dire Wookie ! T'y connais rien à *Star Wars*. Pourquoi tu dis ça ?

— Hypocrite !

— OK, OK, j'avoue…

— Enfin, j'ai échappé à Jaba… Tu vois que je connais.

— Ça sert à rien d'aller chez elle. Elle va s'en sortir avec une pirouette, si possible cruelle, et elle restera charmante…

— Je n'ai pas ta mansuétude avec elle… Sans sous-entendus, bien sûr.

— Bien sûr…

— Cette fille est une peste égocentrique, que nous passons notre temps à secourir et qui nous couvre de sarcasmes…

— Moi aussi ?

— Attends un peu qu'elle sache… »

Juliette et Delphine étaient arrivées devant l'appartement de Marjorie. Vide, noir et silencieux.

« Elle doit déjà être chez Leonora. Reste calme. Ne gâche pas tout…

— Un affront n'attend pas. T'as un crayon ? Je vais lui envoyer une convocation en duel !

— Tu plaisantes ?

— Mais oui ! Donne-moi un crayon quand même. »

Delphine griffonna quelques mots sur une feuille. Prit un caillou par terre et l'enveloppa de la feuille. À la cinquième tentative, Delphine commençait à désespérer. Ce n'était pourtant pas du double vitrage ! Et Artémis avait réussi à briser l'autre.

« Tu vois, on ne peut rien contre elle. Elle s'en sort toujours ! Allez, laisse tomber !

— Pas question. Jeune homme, s'il vous plaît, pourriez-vous me prêter votre casque deux minutes ? »

Le jeune garçon en scooter s'exécuta docilement. L'autorité de Delphine était terriblement naturelle.

« Vous êtes bien aimable », dit Delphine fracassant la vitre à coups de casque.

Rendant avec nonchalance le casque au propriétaire ébahi, elle jeta le caillou par la fenêtre. Les deux femmes partirent en riant.

« Qu'est-ce que tu as écrit sur le papier ?

— *From Chewbacca with love.* »

64

En bas de son immeuble, Bertrand appuyait sur la sonnette à l'aide de son coude. Il avait vu de la lumière et des formes depuis la rue et s'attendait à trouver chez lui un de ses enfants, moins rancunier que les autres, qui se serait souvenu de sa date d'anniversaire. Peut-être avec l'aide de Leonora. Lequel cela pouvait-il bien être ? Sa fille aînée ? Autrefois meilleure amie de Leonora, elle n'avait pas apprécié leur liaison puis leur mariage. Sa fille cadette ? Non, elle était en Allemagne avec sa classe. Depuis combien de temps sonnait-il ? Son exaspération montait et son coude appuyait maintenant de manière continue. Les effets de l'Anéxate commençaient-ils à se faire sentir ? Si oui, c'était trop doucement. Il se sentait encore las et triste. Incapable d'affronter cette soirée. La porte finit par s'ouvrir.

Leonora vint l'accueillir à la porte de l'ascenseur. Elle avait réussi à cacher toutes ses amies derrière leur lit.

« Bonsoir, mon amour, excuse-moi, j'étais en train de monter des blancs en neige, je ne pouvais pas lâcher le fouet. Tu vas bien ? »

« Lâcher le fouet »... La soirée commençait mieux que prévu. Bertrand buta dans les huîtres puis dans la cage de Mirabelle qui poussa un cri.

« C'est quoi, ça ?

— Oh, des huîtres apportées par Delphine. Et ça, je ne sais pas... mais c'est Mirabelle ! Qu'est-ce qu'elle fiche là ? »

Leonora avait une sainte horreur des gros mots. La distinction, selon ses critères, devait s'appuyer sur une langue soutenue. Elle disait « fiche », « flûte », « miel » et « zut », pensant bien faire.

« Cache vite ça, c'est immonde ! Mon Dieu...

— On dirait qu'elle va mieux, dis donc ! C'est aussi Delphine qui l'a apportée ? Faudra que tu m'expliques.

— Mieux ? »

Bertrand découvrit Mirabelle, splendide dans sa cage. Il ne comprenait plus rien. Delphine était magicienne. Ou alors l'Anexate lui procurait des hallucinations. Il était perplexe. Avait-il prématurément enterré Mirabelle ? Son inconscient lui avait-il joué des tours ? Avait-il voulu la mort du cochon d'Inde ? Que représentait alors cet animal ? Son père, son sexe, son destin, son tigre dans la jungle, sa femme ? Non, Mirabelle était bien morte ce matin. Il en était sûr. Mais il y avait aussi cette histoire d'empoisonnement d'Artémis. La bête le fixa avec détermination. Elle avait de nouveaux reflets dans le regard. Quelque chose avait changé en elle. Le sac, l'ascenseur, l'oubli, Delphine, la parka, Marjorie, le froid : Mirabelle avait de bonnes raisons d'être traumatisée et de lui en vouloir. Elle qui n'était rien aux yeux de Bertrand (un caprice de sa fille, tout au plus) n'était plus la même. Et Delphine ? Que venait-elle faire dans tout cela ? Il aurait dû la voir ce soir… Depuis deux heures, il ne cessait d'y penser.

« Bon, je pose ce chien, je me douche, me change et te rejoins. »

65

Bertrand s'engouffra dans la salle de bains. Les filles cachées derrière le lit entendaient des chansons plus surannées les unes que les autres sortir de la douche. L'Anexate devait finalement faire effet. Marjorie pouffait, Olivia bouffait du Lexomil en silence, Juliette se retenait d'éternuer et Delphine dodelinait doucement de la tête tout en marmonnant les refrains : elle aussi connaissait les meilleures chansons de Mireille et Jean Nohain.

L'eau chaude coulait doucement sur le corps de Bertrand. Le sang d'Artémis ne partait pas. Bertrand ouvrit un à un les flacons de Leonora et s'en enduisit le torse. Marvel Lotion eut raison des caillots canins. Il n'avait pas envie de sortir. Dehors, il faisait froid, il avait soixante-dix ans et il y avait Leonora qui n'avait même pas remarqué dans quel état il était rentré. Il voulait prolonger ce moment. Il chantait, chantait : ainsi Leonora ne se demanderait pas ce qu'il faisait. Il chantait à dessein des airs qu'elle ne pouvait pas connaître. Il se créait de la sorte son univers. Il se sentait de mieux en mieux. Un verre d'alcool aurait parachevé son bonheur. Continuant à chanter, il s'échappa nu de la douche, mettant de l'eau partout, pour attraper sa fiasque de whisky cachée dans sa penderie.

Et c'est un Bertrand nu que les mères de l'école virent passer en coup de vent dans sa chambre, plongeant dans l'armoire, fouillant, poussant une interjection de joie lorsqu'il trouva l'alcool et repartant sautillant, entonnant l'air espiègle du « petit chemin sentant la noisette ».

Pendant qu'il se murgeait sous le pommeau, les filles, contraintes au silence, considéraient sous des angles divers ce qu'elles venaient de voir. Delphine était la plus charitable : elle l'avait vu nu, n'avait pas été très convaincue par sa plastique, mais était attendrie par le moindre détail. Elle l'aimait. Les autres avaient des avis variés mais convergeant quant à la vision en contre-plongée de testicules dansants et trempés sur fond musical obsolète.

66

« Putain, un serpent !

— Ça vient d'où ?

— Du traversin.

— C'est son iPhone qui vibre…

— C'est mignon, il le cache…

— Attendez, je l'attrape.

— Fais gaffe !

— Il vient de recevoir un SMS.

— Tu peux pas faire ça. Laisse-le…

— Ça va, Olivia. On peut bien s'amuser un peu.

— Tiens, tiens…

— Chut ! Il arrive… »

Bertrand n'arrivait pas. Il hurlait sous la douche qu'il se serait bien vu « couché dans le foin avec le soleil pour témoin ». Le texto laissait entendre que Sabine partageait cette envie. Seule Olivia refusa de le lire. Les autres se regardaient ébahies : « Bertrand, une maîtresse ! » Chacune reçut l'information à sa manière. Ce fut avec dégoût pour Olivia qui se leva d'un bond et invita ses amies à quitter cette « piaule répugnante ».

« Que faites-vous ici ? Malheureuses ! Allez vite vous cacher ! » s'écria Leonora en les apercevant.

67

Pantalon de velours beige, chemise en laine et cachemire entrouverte sur un petit foulard emprunté à son épouse, Bertrand s'apprêtait à faire sa réapparition.

Il vit cinq crânes dépasser du canapé. Une surprise. Encore. Fatalement. Leonora adorait les surprises. Il les détestait. Il eut le temps de reconnaître Juliette, Delphine, Olivia et Marjorie. Quant à la cinquième, il ne voyait pas… Sadique, il sortit de la pièce, fuma une cigarette, fit un tour dans sa chambre, se coucha un peu sur le lit. Un parfum enivrant l'imprégnait. Il le respira avec attention. Il le connaissait… Il revint dans l'entrée. Mirabelle était bien vivante. Il la mit dans sa cage. C'était incompréhensible et il n'oserait pas en parler à Delphine. Pis, il éviterait le sujet. Il alla voir Artémis. Il ne la trouva pas. Revenant dans le salon, il vit sa queue dépasser du canapé. Il n'avait pas le courage de feindre la surprise. Toutes ces femmes réunies, sans leur mari. Sa légitime, ses potentielles, ses flirts et ses fantasmes. Sa chienne. Toutes derrière le sofa. Il avait envie de foncer sur le canapé et de les écrabouiller en un seul geste contre le mur. Cinq d'un coup. Ce serait terminé. Il se suiciderait ensuite. Et, cette fois-ci, Mirabelle ne serait pas épargnée. Il sauterait par la fenêtre avec elle. À 20 h 40, c'en serait fini de Bertrand Thibaut et ses femmes. Ses enfants lui survivraient. Ils seraient là, à son enterrement. Rangés par ordre de taille à l'église et par ordre d'âge devant la tombe. Une belle tombe : entretien facile, style Art déco, marbres rares avec quelques petites audaces architecturales. Il se demandait si du Garamond taille 90 conviendrait pour l'inscription de son nom. Il avait l'intention de le vérifier sur son ordinateur mais des hurlements s'échappèrent du canapé. Artémis avait mordu Marjorie.

Toutes se levèrent d'un seul coup. Chantant « Bon anniversaire » tout en calmant Marjorie qui hurlait « Putain de clebs à la con, tu m'as bousillé ma journée, ma vitre, ma *life*… va crever sale *dogshit* », tapant dans les flancs de la pauvre bête. Artémis jappait tristement. Delphine fit une prise apprise au sumo par ses fils et Marjorie se retrouva instantanément calmée.

Bertrand eut son lot de baisers. Il était un peu heureux.

68

Marjorie boudait mais l'ambiance était délicieuse. Peut-être d'ailleurs parce que Marjorie boudait. Elle était pourtant la seule à avoir pensé à acheter un cadeau à Bertrand : une énorme bouteille recharge de gel hydroalcoolique. Betrand en fut sincèrement ému.

Il proposa à ses amies une leçon ; la pédagogie était une alternative satisfaisante à ses pulsions.

« Si vous voulez bien me suivre, mesdames, je vais de ce pas vous donner une petite leçon d'ouverture d'huîtres. Il n'est que temps que vous appreniez ces quelques gestes, qui vous permettront de rivaliser avec vos maris – du moins pour celles qui en ont encore un – et de mettre un point d'orgue à ce processus d'émancipation dans lequel vous êtes toutes, chacune à sa manière, si magnifiquement et courageusement engagées. Une femme qui sait ouvrir des huîtres saura se débrouiller en toutes circonstances. Changer un pneu lui semblera une broutille. Refaire le joint de la baignoire une galéjade. Ce n'est pas rien. On évitera ainsi peut-être le chaos total.

Bref, tout commence par l'huître : c'est un combat contre l'animal et le minéral, la mer et la nacre, l'infâme et la perle. Nous en sommes tous là, mes chères. Leonora, s'il te plaît, offre une coupe de champagne à ces charmantes jeunes femmes. Elles seront plus à l'aise pour suivre la leçon. »

La cuisine de Bertrand et Leonora était spacieuse et agréable. On se serait cru dans une maison de famille à la campagne. Un vaste îlot central en structurait l'espace, qui n'était toutefois pas uniquement fonctionnel dans la mesure où un divan et deux fauteuils y trônaient. Leonora, Juliette, Delphine, Olivia et Marjorie y prirent place, munies de leur coupe. Bertrand était de plus en plus heureux et sa voix de plus en plus basse.

« Alors, chères amies, tout d'abord, l'huître, comme tout animal qui se respecte, s'attrape par le fondement ! Pardon, mesdames, mais c'est ainsi. Vous êtes bien placées pour le savoir.

— Ber ! s'écria Leonora, enfin, Ber, tu t'entends ? Si ta mère te voyait…

— Laisse, laisse, dit Marjorie, c'est *bonus bonorum*. Et puis c'est pas faux. »

Olivia regardait ailleurs. Les huîtres, c'était déjà trop pour elle. Quant à Delphine, déjà secouée par le texto de Sabine dont elle découvrait l'existence, elle était chagrinée par tant de trivialité.

« Je continue. Il faut, maintenant, il faut introduire le couteau sans brusquerie majeure afin de ne pas abîmer son enveloppe, mais attention, aux deux tiers seulement l'introduction, et non pas jusqu'à la garde. Si vous voyez ce que je veux dire, mesdemoiselles…

— Ber ! Arrête, bon sang ! » hurla Leonora.

Bertrand sentait qu'il allait trop loin. Emporté par l'alcool et les médicaments, il avait envie de sincérité, d'analogies vraies, de paroles crues. Il avait trop fait le bourgeois policé, le dandy délicieux. Il avait soixante-dix ans et envie de se lâcher. De baiser. De les baiser toutes. Ensemble ou l'une après l'autre. Mais il perdait son auditoire.

69

Juliette et Marjorie étaient parties fumer sur le balcon.

« Je suis avec une fille, Marjo. Je l'aime. Voilà, c'est dit… Maintenant, sens-toi libre. Déchaîne-toi… Envoie des textos à qui tu veux.

— *Gay* ? toi ? C'est *cool…*

— Et ?

— Ben, rien, je trouve ça juste *meta cool.*

— Ah…

— C'était pas la peine de te la jouer *queen* du mystère. Les autres savent ?

— Pas Olivia.

— Je comprends, mais elle est capable de comprendre, tu sais.

— Je vais la dégoûter…

— Ça va peut-être l'aider. Il va bien falloir qu'elle se décoince. Pierre va pas se la mettre sur pause *ad totam vitam.*

— Arrête… T'en sais rien, en plus.

— Il n'y a rien à savoir. T'as bien choisi ton jour, pour les enfants, plus besoin des mecs, il suffit de le vouloir très fort. Tu as vu qu'on a une nouvelle pucelle nationale ? C'est l'hallu… Sainte Jamoux.

— Ça commence. T'as pas attendu longtemps… »

70

À l'intérieur, Olivia, qui avait tout entendu de la conversation de Marjorie et Juliette, était tétanisée et perdue. Elle n'écoutait plus les gauloiseries pathétiques de Bertrand. Delphine, qui les entendait encore, semblait consternée. Bertrand se décida à adopter le ton du technicien :

« Hum, passons. L'outil, comme le mollusque, se doivent d'être tenus fermement. Il est temps ensuite de faire pivoter celui-ci, dans un subtil geste de rotation impulsé par le poignet. Le verrou lâche alors et les deux valves se séparent, libérant une substance laiteuse odorante dont il n'est pas nécessaire cependant de se méfier, car elle ne tache que peu ou prou, ou du moins ses traces s'en vont-elles sans difficulté en machine. Vous pouvez voir apparaître la chair délicate et palpitante de ce noble animal. Avec la lame non tranchante de votre poinçon, il faut décoller le muscle fragile de la bête, sans le blesser. Et voilà ! Qui veut essayer ? Personne ? »

Delphine, éprise, se prêta au jeu. Elle s'assit aux côtés de Bertrand. Docilement. Il prit sa main. Elle tremblait. Ses mains dans les siennes, elle accomplit tous les gestes un à un. Une huître, une autre. Au bout de dix, ses mains étaient en sang tant Bertrand les serrait fébrilement. L'odeur de la mer les enveloppait tous les deux. Bertrand ne parvenait plus à lâcher ses mains. Il les découvrait douces et menues. L'amour se propageait. L'amour se faufilait. Plus rien ne comptait.

Ni Marjorie, dehors, toujours un peu fâchée, qui regrettait d'avoir filé son cochon d'Inde. Ni Olivia, au téléphone avec Pierre, qui ne supportait plus les enfants de Delphine qu'il ne parvenait toujours pas à endormir, qui avait « envie d'elle », voulait un nouveau départ, expliquait que sa mère était passée (il ne comprenait pas pourquoi) et qu'ils avaient enfin pu parler ensemble, qu'il ne voulait pas finir comme ses parents. Ni Juliette, partie se reposer sur le canapé, et qui, dans son élan, racontait à Leonora fascinée sa vie nouvelle tout en surveillant la messagerie de son portable. Ni Leonora, qui se demandait si devenir lesbienne n'était pas, après tout, du dernier cri et ne lui permettrait pas de dépasser cette terrible période de stagnation, en lui laissant tout loisir de se fâcher définitivement avec ses parents.

Delphine et Bertrand s'aimaient en silence, un mollusque dans les mains. Un couteau dans les autres. Il respirait sa nuque, sa cuisse touchait la sienne. Et personne n'y faisait attention, bonne grosse Delphine et bon vieux Bertrand.

71

« LE BUFFET EST OUVERT ! »

Leonora hurlait. Marjorie clopait toujours. Juliette se reposait encore. Olivia calculait intérieurement « si l'on commence à dîner maintenant, dans deux heures on en sera au café, merde, je vais rentrer et Pierre sera réveillé…, je vais demander à Juliette d'aller au bistrot, ou alors je vais la raccompagner, ah, non, elle va penser que… » Bertrand et Delphine étaient trop absorbés pour entendre.

« LE BUFFET EST OUVERT ! ! ! ! ! ! ! ! ! ! ! Il est déjà 21 h 15 ! »

C'était maintenant la sixième fois qu'elle inaugurait le festin. Sursautant, Bertrand fit tomber la chair de l'huître sur son genou. D'un geste lent, il inclina la jambe vers l'extérieur, si bien que l'animal se retrouva sur la cuisse de Delphine. De sa main, elle attrapa calmement la bête et la cacha dans sa manche. L'amour était déclaré.

« Ici, c'est un cake aux airelles, là, un roulé vert bar-épinards et enfin, voici un clafoutis de panais au curcuma et tomates séchées. J'espère que ça vous plaira. Ber, il nous faudrait du vin avec tout ça.

— Riche idée ! Je descends à la cave. Je chausse mes bottes.

— Il faut toujours qu'il mette ses bottes pour aller à la cave. Je ne comprends pas... Si ça te fait plaisir... Tu en prends quatre, s'il te plaît ? »

À cette idée (quatre bouteilles...), Juliette se leva pour vomir dans les toilettes. Marjorie l'accompagna. Elle la porta ensuite jusqu'au lavabo où cette dernière se débarbouilla. Profitant du moment, Marjorie s'empara de deux, trois lotions, eaux et émulsions appartenant à Leonora, qu'elle dissimula dans ses poches. Un vrai butin. Elle croisa Delphine qui marchait étrangement dans le couloir puis s'en alla fumer sur le balcon. Bertrand, sur le palier, tentait de mettre ses bottes (Leonora lui interdisait de les porter à l'intérieur, si bien qu'il devait les cacher dans l'armoire électrique de l'étage), une main sur le mur, en chaussettes sur le paillasson.

Bertrand s'en alla, le pantalon rentré dans les bottes. Terriblement *farmer* ! C'est sans doute ce qui poussa Delphine, qui guettait depuis un moment son départ, à se faufiler par la porte laissée entrouverte et à bloquer d'une main ferme la grille de l'ascenseur qui allait se fermer.

« Je viens vous prêter main-forte », haleta Delphine. Bertrand vit d'abord l'huître tomber de sa manche, puis une ferveur terrible dans son regard.

Il prit peur. Delphine aussi. Bertrand et l'ascenseur ensemble, c'était presque trop. Un jeu d'échos érotiques, un cycle d'interférences la transperçaient. La descente parut longue. Elle fut silencieuse et fiévreuse.

72

Olivia, désireuse de ne pas se retrouver en tête à tête avec Leonora et d'être obligée de goûter à tous ses plats, rejoignit Marjorie qui fumait sur le balcon. Elle lui demanda une cigarette.

« Tu fumes, toi, maintenant ?

— Non, bien sûr, bien sûr que non... Je ne fume pas, je ne suce pas, je ne picole pas, je ne baise pas, je ne tue pas mes enfants, je suis insipide... mais pas vierge pour autant.

— Ouh là... nous voilà carrément *on the ring* ! Un bon cours d'huître te ferait du bien.

— Toi, tu es pathétique, méchante, égocentrique et pathétique.

— Tu l'as déjà dit, pathétique.

— C'est que cela doit être très vrai. Tu es aussi très salope.

— Qu'est-ce que vous avez toutes aujourd'hui ? Vulgaires, en plus...

— Peut-être qu'on en a marre de tes perfidies ?

— Perfidies ? *Big word* !

— Tu rabaisses tout, tu salis tout. Regarde, il y a un truc assez beau entre Delphine et Bertrand et tout ce que tu trouves à faire, c'est de bousiller tout.

— Beau ? Tu trouves ça beau. Toi ?

— Oui, moi… Et épargne-moi tes sarcasmes… Tu baises beaucoup, Marjo, mais tu baises mal…

— C'est une experte qui parle…

— Et voilà, c'est reparti… Tu ne comprends rien, tu n'aimes personne, tu crois qu'avec tes blagues merdiques tu détends l'atmosphère, tu nous apportes un "rire salutaire". Non, tu pollues…

— Connasse…

— Réfléchis-y quand même… »

73

Bertrand ne savait que faire. Lui, le volage, l'adultère, le sage et l'avisé, doutait. Delphine l'étonnait. Plus belle d'heure en heure, elle l'intimidait comme jamais. Jamais il n'avait vu de transformation aussi rapide ni aussi subtile. En était-il l'auteur ? Si oui, il n'avait jamais été aussi doué, ni aussi sincère. Il n'avait jamais eu autant de handicaps : Mirabelle, la pluie torse nu avec Artémis. Et encore, il ignorait qu'il avait été vu dansant, gouttant, une fiasque à la main. Delphine le bouleversait. Il l'avait rencontrée. Celle qu'il pourrait rénover en tenant compte de l'esprit des lieux, en finesse, sans forcer son goût. La rénovation naturelle, spontanée. Il en était encore capable. Il ne comprenait pourtant plus rien à toutes ces femmes : Delphine serait-elle son ultime chantier ?

Ils sortirent de l'ascenseur. Elle était encore jeune. Belle et silencieuse. Au plafond, une ampoule nue la nimbait de lumière. Ils marchaient dans la poussière, évitant les coupelles de mort au rat. Au sous-sol, sous terre, ils respiraient à peine. Il sortit une grande clef et ouvrit la porte en bois. Il se prit à craindre qu'elle n'ait peur de lui. Sans doute avait-il l'air d'un ogre ? Les culs de bouteilles alignés dans la pénombre lui semblèrent d'une insoutenable obscénité. Il se retourna violemment pour les dérober à la vue de Delphine. Dans sa brusquerie, il fit tomber une bouteille qui se brisa au sol. Sur la terre battue, le vin coulait, formant une tache sinistre. Il alluma la petite lumière du caveau, d'un coup de pied énervé fit rouler la bouteille sur le côté. Le silence était étouffant. Delphine le fixait toujours. Il n'osait ni se retourner ni s'accroupir pour choisir quelques crus. Elle ne bougeait pas. Non, elle ne le prenait pas pour Barbe Bleue. Il entendit l'ascenseur remonter. L'ampoule du couloir s'éteignit. L'éclat de Delphine était encore plus terrifiant ainsi.

Il était seul. Il ne savait pas ce qu'il voulait, ce qu'il faisait à moitié dans la pénombre avec cette gamine insolente, il avait brisé une bouteille de Graves, le cru des Côtes 1928, Leonora était au-dessus. Et, surtout, il ne savait pas ce qu'elle voulait, elle.

Elle se jeta sur lui, renversant encore au passage quelques casiers de bouteilles. Elle agrippa son pull et le plaqua contre le mur. Elle l'embrassa. Sous leurs pieds roulaient les bouteilles, la terre battue imbibée d'alcool, les débris de verre, les casiers en vrac empêchaient leurs mouvements. Bertrand ne savait que faire. Il tenta de repousser Delphine mais elle était d'une force incroyable. Et d'une maîtrise formidable : sa chemise et son pantalon étaient ouverts, elle ne portait plus de collants et il sentait ses pieds nus courir le long de ses jambes et se glisser à l'intérieur de ses bottes. Même habillés, ils étaient nus.

Non, il ne pouvait pas faire cela. Il se sentait trop vieux. Non pour coucher avec elle debout dans une cave au milieu des tessons, mais pour se lancer dans un tel chantier. Il sentait pourtant que, cette fois, il y avait quelque chose de différent. L'amour, sans doute. Il aimait Delphine. Il avait aimé être le maître d'œuvre de Leonora, mais une fois les travaux terminés, il avait conçu du dégoût pour ce travail bien fait, ces vernis brillants et ces peintures rutilantes. Il aimait les jeunes femmes mais il avait du goût pour la patine : Delphine.

Il décida de ne rien faire. Il ne souhaitait rien.

Il ne souhaitait pas en tout cas entendre Leonora sortir de l'ascenseur au moment précis où Delphine, à genoux, s'emparait de son sexe.

74

Il avait fallu près d'un quart d'heure pour que Leonora remarque l'absence de Delphine puis s'inquiète du temps passé par Bertrand à la cave. Olivia et Marjorie, silencieuses, s'en préoccupaient déjà depuis cinq bonnes minutes. Elles redoutaient le pire.

Juliette somnolait. Elle n'était plus de ce monde, de ce quartier, de ces combats. Toutes ces angoisses, ces marivaudages, lui étaient maintenant étrangers. Après tout, pour elle, la vie était simple, elle aimait Chloé, sa fille, ses parents, Gaétan, même. Elle avait bien fait d'aller jusqu'à l'école, d'entrer chez *Fatal Cafard*, d'avouer, de boire (et comment ! ô combien !), de revoir ses amis, d'aller à cette soirée, bien qu'elle n'ait rien décidé vraiment de tout cela. Elle n'allait plus se cacher. Elle n'allait pas courber l'échine : elle était maîtresse de sa vie. Elle avait décidé de quitter Gaétan, oui, elle. La fatalité ? Foutaises. L'orientation sexuelle ? Foutaises. Un délire ? Foutaises. Un caprice, de ceux qu'une femme de la génération de la mère de Bertrand ne se serait pas permis ? Foutaises. C'est elle qui avait choisi tout cela. Elle y était presque, il ne lui restait maintenant qu'à rassembler tous ces fils éclatés pour tisser la toile de sa nouvelle vie, sa vraie vie. Ses amies en étaient si loin encore. Mais elles allaient trouver comment s'en sortir. Elle les aiderait. Et pourquoi pas ? Elle avait une certaine expérience maintenant. Quant à Bertrand si attentif et généreux, qui l'avait écoutée au café avec cette intensité magnifique, elle l'avait senti si fragile avec son pauvre couteau à huîtres tout à l'heure, avec son chien blessé un peu plus tôt. Il allait falloir veiller sur lui. Mais Delphine semblait bien partie (Juliette ignorait ce qui se passait alors quelques étages au-dessous !) pour le faire. Elle regarda son portable. La réponse de son père finirait par venir. Mais qu'attendait-elle de cette réponse ? Un « J'autorise ma fille à quitter mon gendre et à devenir lesbienne » assorti de la signature paternelle ? Sans doute serait-il un peu choqué, sa mère aussi (même si l'un des deux choisirait de bien prendre la nouvelle, histoire d'emmerder l'autre), puis s'y ferait. Elle n'avait pas quatre ans. Mais trente-cinq. Ça suffisait, ces enfantillages. Oui, c'était sa vie. La sienne. Elle n'avait qu'une envie, serrer Daphné dans ses bras, lui dire combien elle l'aimait, lui présenter Chloé. Faire simple. Elle consulta une dernière fois sa messagerie. Elle ignorait que ses parents étaient partis pour trois jours en week-end. Elle ignorait aussi que son père avait laissé son portable à Paris et ne découvrirait le message que le dimanche soir. Elle éteignit son portable : en voilà, un geste d'émancipation. Son premier acte adulte, se dit-elle en souriant. Elle le ralluma aussitôt : et si sa fille était malade ? Il fallait rester responsable tout en étant adulte. Non, c'était le contraire. Non… À moins que… Juliette s'endormit profondément.

Dans un élan de délicatesse inattendu, Marjorie proposa d'aller chercher Bertrand, ajoutant que Delphine était sans doute avec lui pour l'aider. Elle prit, pour plus de discrétion, les escaliers. Même altruiste, Marjorie restait espiègle : elle avait envie de les surprendre.

Elle ne fut pas déçue. Elle aperçut d'abord le vin s'écouler de la cave, suivi des collants de Delphine jetés dans le couloir. Une chaussure, une bouteille, la main de Bertrand agrippée aux gonds de la porte, l'ampoule. Et Delphine ? Où était-elle ? Elle découvrit son visage sur le ventre de Bertrand. C'était magnifique, elle n'avait presque plus envie de rire : un ange en prière, un notable en épectase, du primitif flamand à six pieds sous terre, du hard Caravage à 40 watts.

Les pas de Leonora. Marjorie bondit et claqua la porte de toutes ses forces. Bertrand hurla : ses doigts. Delphine fut assommée sur le coup.

75

« Marjorie, qu'est-ce qui se passe ? Où sont-ils ? Ouvre cette porte ! »

Bertrand avait trop mal pour se rhabiller totalement. Delphine gisait par terre. Et Marjorie refusait d'obtempérer sans plus d'explications. Elle était sous le choc : elle était passée à côté de la beauté. Sa vie n'avait été que calculs, regrets, plaintes, décisions, formules et provocations. L'amour, elle n'y avait pas goûté. Leonora s'approcha, menaçante. Marjorie se plaqua contre la porte, faisant tomber au passage les produits de beauté volés dans la salle de bains.

« Tu me piques mes crèmes, maintenant ? Mais qui es-tu, Marjorie, pour faire ça ? Ouvre, ça suffit maintenant, ouvre…

— Tu ne comprendrais pas…

— Comprendre quoi, petite pouffiasse ?

— Sois polie, ma chérie, quand même ! »

Bertrand s'était trahi. Mais entendre deux femmes se parler de la sorte, cela lui était insupportable.

Leonora poussa Marjorie, ouvrit la porte et buta sur Delphine étendue de tout son long dans la cave, jambes nues, cheveux sur le visage, un sourire aux lèvres. Bertrand, les doigts en sang, le pantalon mal ajusté et la chemise dépenaillée sous un pull froissé ne trouvait pas ses mots :

« Leonora, c'est terrible. Je ne le voulais pas. Je vais te faire un enfant. Cette femme me fait peur. Elle m'a violé ! On va acheter un second chien. Tout ira mieux. Ce n'est pas ce que tu crois.

— Un homme ne se fait pas violer, Bertrand.

— Elle m'a violé. Je n'ai rien compris. Je prenais du vin et tout à coup, elle a bondi…

— Les lois de la physique et de la physiologie, aussi bien à notre époque qu'à celle de ta putain de mère et de ces connasses d'écrivaines de mes deux avec lesquelles tu me gonfles tant, me font douter de ta version des faits, mon petit garçon. Et toi, Delphine, tu en penses quoi ? Rien… on dirait que la violeuse n'est pas au mieux de sa forme. »

Delphine avait le dos criblé de morceaux de verre, son corps s'imprégnait des grands crus, et le coup de porte l'avait mise K.O. Du sang coulait sur son front.

« Sur ce, je me casse. Je te laisse avec ton cheptel de dingues, Bertrand. Baise-les comme tu m'as baisée. Sans style, sans relâche et sans amour. Baise la gouine, baise la grosse, baise la coincée et baise surtout cette salope de voleuse. Baise-les toutes, arrose-les de ton fric, de ton gel qui pue et de ton sperme rassis. Je me casse… Bon anniversaire, vieux cochon. »

Marjorie alla chercher Olivia pour l'aider à remonter Delphine. Mais Olivia était partie. Elle était descendue rejoindre les autres, avait entendu la dispute, en était dégoûtée et avait décidé de rentrer chez elle. Son mari lui manquait. Elle tenterait de discuter avec lui. Elle ne le tiendrait plus à distance de ses aversions. Elle coucherait avec lui, peut-être. Elle réapprendrait. Il ne fallait pas tout gâcher. Dans la nuit, elle vit Leonora trotter en pleurant. La pauvre. Elle trouverait quelqu'un d'autre. Peut-être même, un jour, quelqu'un qui l'aimerait pour ce qu'elle était. Si, du moins, elle se décidait à devenir quelqu'un.

76

Marjorie et Bertrand portèrent comme ils purent Delphine. Atala, pensa Bertrand. C'était plus fort que lui. Une fois arrivée en haut, Marjorie se servit du cake aux airelles de Leonora pour éponger la plaie au front après l'avoir désinfectée au gel hydroalcoolique. Cela fit rire doucement Bertrand. La drôlerie de Marjorie la sauvait. C'était un art de vivre. Ils retirèrent un à un les bouts de verre de son dos. Bertrand s'enroula les doigts d'un chiffon. Enfin, ils finirent de déshabiller Delphine dont les vêtements étaient imbibés et maculés. Ils la couchèrent à côté de Juliette.

Bertrand attendait avec effroi une blague triviale de Marjorie. Cette dernière regarda Bertrand droit dans les yeux.

« Ne vous en faites pas, Bertrand, je sais aussi me taire. C'est dur, *overissime* de chez dur, *really*, mais je sais. Je ne vais pas dire par exemple que…

— Taisez-vous ! Cessez un peu, Marjorie.

— OK, OK…

— Comme elle est belle, ainsi endormie… Non, taisez-vous… Ne gâchez pas tout.

— OK…

— Et ne vous gâchez pas, vous…

— Genre !

— N'allez pas trop loin, ma jolie. Ne vous enlaidissez pas…

— Vous me faites peur quand vous parlez comme ça !

— Vous m'inquiétez toutes. Seule Juliette…

— Si la solution, c'est d'être gouine…

— Vous me comprenez, Marjorie.

— Bon, d'accord. Je vais tâcher à l'avenir d'être un peu plus romanesque, comme vous dites. Voyez, je commence dès maintenant. Je vais sur le balcon fumer une cigarette, avec un peu de chance je vais attraper une pneumonie ou, mieux, la tuberculose.

— Canaille ! Je vous adore. »

Marjorie déposa un baiser sur la joue de Bertrand – « voyez comme je suis chaste, maintenant ! » – et alla fumer. À travers la vitre, elle prenait des poses d'héroïne phtisique à l'agonie. Puis elle descendit à la cave chercher les collants et les chaussures de l'amoureuse blessée, sans oublier les crèmes volées à Leonora. Quand elle revint, la porte de Bertrand était close. Elle sonna mais n'obtint pas de réponse. Elle déposa son butin devant la porte. En partant, elle glissa dans la fente de la boîte aux lettres les billets volés dans le portefeuille de Bertrand. Elle regretta aussitôt son geste et se blessa la main en tentant de récupérer au moins l'un des billets dans la boîte. Elle aurait aussi voulu avouer son crime : le meurtre de Mirabelle.

Son personnage, Marjorie repentante, l'ennuyait déjà et elle sortit son portable : elle allait raconter les événements de la soirée à une autre bande de mères du quartier : les parfaites, celles aux enfants sans névroses qui savent écrire en attaché dès trois ans, celles aux maris charmants, aux apparts chaleureux, aux vacances organisées, aux parents compréhensifs (car ils n'avaient rien à comprendre, sans doute). Elle le ferait demain, il était 22 h 20, c'était un peu tard. Elle était allée au bout du délire féminin. Elle allait se refaire. Elle allait recommencer à parler normalement. Elle serait fauchée, seule, divorcée, mais parfaite en tout cela. Peut-être même qu'un jour elle aimerait quelqu'un d'autre qu'elle-même. Ces femmes authentiques et tragiques finissaient par la dégoûter. La lutte devenait pathétique. Quant à Bertrand, il avait été violé. Ce n'était pas de sa faute mais cela allait devenir, grâce à elle, sa raison sociale. Elle rentra chez elle et découvrit avec effroi la vitre brisée. Le sort s'acharnait. Le froid, la fatigue et la faim la paralysaient. Elle tomba assise sur une chaise. Il fallait qu'elle dorme, qu'elle mange. Son frigo était vide et son appart était glacé. Elle se versa dans un bol les céréales d'Hector, les arrosa d'alcool. Dans un ultime effort elle tapa sur Google : miracle, vierge, Berry, enfant, mort, suicide, Blandine. Elle tomba sur le site du diocèse de Bourges, Graindesoleil.com.

Dieu lui envoyait un signe. Cette affaire Jamoux était décidément trop alambiquée, il fallait faire simple et s'en remettre à… À qui ? Elle verrait plus tard. Elle éteignit son ordinateur et alla se coucher sous la fenêtre cassée. Au moins, si quelqu'un cherchait à entrer, elle en serait immédiatement avertie. Du bout de sa santiag, elle repoussa les morceaux de verre et s'étendit sur le sol. Du pull de Bertrand elle se fit un oreiller. Elle s'endormit en se disant que dès le lendemain elle appellerait Cédric. Tout devenait trop compliqué. Ses copines allaient trop loin dans leur émancipation (et encore, elle n'avait pas lu le mot de Chewbacca qui revendiquait l'attentat contre sa vitre). Elle allait tout arranger. Après tout, ils n'étaient pas encore divorcés.

77

Bertrand était seul dans le salon silencieux. Il buvait du champagne en attendant minuit. C'était son anniversaire, quand même. Ivre, il remerciait les huîtres qui, elles, ne l'avaient jamais trahi. Il trinquait aux femmes romanesques, aux femmes perdues, aux jeunes filles, à Emma, à Anna, à Madame de et Miss Truc. Et à toutes ces femmes insensées qu'il avait la chance de connaître. De sa chambre venait le bruit des ronflements de Delphine et des maugréements de Juliette. Il s'assit tristement par terre. De la semelle de sa botte, il décolla l'huître qu'il avait écrasée dans l'ascenseur. Il la mangea sans remarquer quelques grains de mort-aux-rats incrustés dans le mollusque. Leonora n'était plus là pour l'engueuler. Ni pour le sauver. À ses côtés, Artémis dormait paisiblement. Il la caressait. Sa respiration était calme, elle allait mieux. Comment avait-elle absorbé du Lexomil ? Il ne parvenait pas à comprendre. Il repassa en revue les différents épisodes de la journée. Non, il ne voyait pas. Il ne voyait pas non plus comment Mirabelle, qu'il savait morte, pouvait être là, devant lui, à tourner lentement dans sa roue. Elle n'avait pas l'air très en forme, finalement. Il faudrait l'emmener chez le vétérinaire lundi. Les femmes étaient si fragiles. Et si difficiles. Mais que voulaient-elles ? Lui non plus ne se sentait d'ailleurs pas très bien. Quelque chose le rongeait de l'intérieur. Il avait terriblement mal au ventre… Il s'allongea par terre. La douleur le tenaillait. Il but encore deux coupes de champagne, termina son flacon de désinfectant pour faire partir la douleur, se leva pour manger deux-trois huîtres. Il ne voulait pas renoncer à ces plaisirs. Il souffrait mais il était heureux : en bottes sur la moquette, la tête enfouie dans le pelage d'Artémis, deux femmes dans son lit, il contemplait sa bibliothèque. Il n'était plus vraiment de cette époque mais tout l'étonnait. Tout l'excitait. Il avait encore beaucoup à faire pour ses amies, pour les sauver d'elles-mêmes. Il pouvait dormir satisfait. L'intensité de cette journée lui avait rappelé à quel point il était vivant, séduisant et désirant. Demain, certes, il faudrait s'expliquer, nettoyer, se soigner (Dieu qu'il avait mal), ranger, passer des coups de fil, parler à Delphine, lui proposer de l'épouser, réveiller Juliette et acheter des capsules pour le café. Mais, pour l'instant, il avait envie de dormir. Il jeta un dernier regard à ses bottes, eut une brève érection à la pensée de Delphine et tomba dans un profond sommeil.

Hector se coucha sur le flanc. La tête enfouie dans la paille. La roue, immobile depuis quelques minutes, accentuait le côté charmant de la scène. Il tenta de se traîner pour boire un peu d'eau. Mais son corps ne lui obéissait plus. Il se sentait lourd et las. Chaque tentative pour avancer accentuait sa nausée. Autour de lui, tout le monde dormait sans se préoccuper le moins du monde de son état. Un homme, un chien, des huîtres, il les veillait tous. Il ferma les yeux. Le moment était venu. Un dernier souffle fit voleter doucement sa moustache, son corps fut pris d'un léger soubresaut dont l'empreinte parcourut en un motif joyeux l'ensemble de sa fourrure. Hector accouchait.

Quant à Bertrand ? Peut-être bien qu'il mourrait. Mais rien n'était moins sûr… Ce serait trop triste. Pour Artémis. Pour les enfants d'Hector qui avaient besoin de lui. Et pour Delphine, blessée, endormie dans son lit. Juliette l'avait déserté. Elle s'était réveillée durant la nuit, avait appelé Chloé, puis s'en était allée aussi discrètement qu'elle était venue. Il était 4 heures 30. En fermant derrière elle la porte de l'appartement, elle avait laissé une famille unie qui dormait paisiblement au milieu des animaux et de meubles bourgeois.

Pour toujours ?

Remerciements éternels à Claude Capelier, lecteur-caviste officiel aux critiques attentives, à l'exigence pétillante et à l'extra-lucidité premier cru.

Mise en page par Meta-systems
59100 Roubaix

CET OUVRAGE
A ÉTÉ ACHEVÉ D'IMPRIMER
SUR ROTO-PAGE
PAR L'IMPRIMERIE FLOCH
À MAYENNE EN AVRIL 2011

N° d'édition : L.01ELJN000344.N001 – N° d'impression : 79482
Dépôt légal : mai 2011
(Imprimé en France)